AI 시대, 문과생은 이렇게 일합니다

AI 시대, 문과생은 이렇게 일합니다

통계·수학은 몰라도 상관없는 미래 일자리 안내서

노구치 류지 **지음** | **전종훈** 옮김

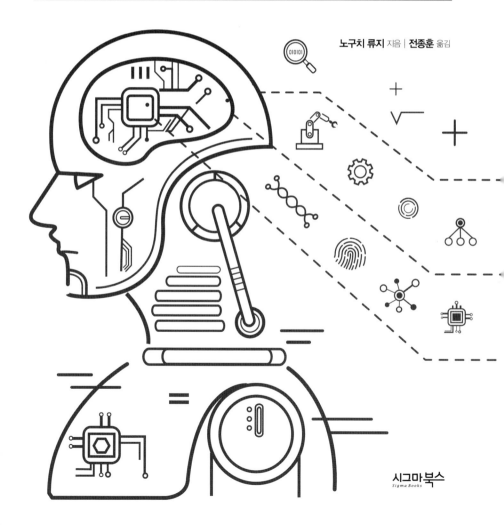

시그마북스
Sigma Books

AI 시대, 문과샘은 이렇게 말합니다

발행일 2020년 8월 10일 초판 1쇄 발행
2020년 11월 16일 초판 2쇄 발행
지은이 노구치 류지
옮긴이 전종훈
발행인 강학경
발행처 시그마북스
마케팅 정제용
에디터 최연정, 장민정, 최윤정
디자인 김문배

등록번호 제10-965호
주소 서울특별시 영등포구 양평로 22길 21 선유도코오롱디지털타워 A402호
전자우편 sigmabooks@spress.co.kr
홈페이지 http://www.sigmabooks.co.kr
전화 (02) 2062-5288~9
팩시밀리 (02) 323-4197
ISBN 979-11-90257-63-3 (03320)

BUNKEI AI JINZAININARU by Ryuji Noguchi
Copyright ⓒ 2020 Ryuji Noguchi
All rights reserved.
Original Japanese edition published by TOYO KEIZAI INC.
Korean translation copyright ⓒ 2020 Sigma Books
This Korean edition published by arrangement with TOYO KEIZAI INC., Tokyo,
through EntersKorea Co., Ltd., Seoul.

이 도서의 국립중앙도서관 출판예정도서목록(CIP)은 서지정보유통지원시스템 홈페이지(http://seoji.nl.go.kr)와
국가자료종합목록 구축시스템(http://kolis-net.nl.go.kr)에서 이용하실 수 있습니다.
(CIP제어번호: CIP 2020029005)

* 시그마북스는 ㈜시그마프레스의 자매회사로 일반 단행본 전문 출판사입니다.

AI는 두려워해야 할 무엇이 아닌,
누구나 사용할 수 있는 Excel 같은 도구이다!

문과형 AI 인재가 되자!

'AI 사회가 되면 일자리를 잃지 않을까?'

'문과이거나 그런 유형의 사람이 AI 인재가 되려면 어떤 것부터 시작하면 좋을까?'

누구나 한 번쯤은 이런 생각을 해봤을 것이다. 그런 불안과 의문을 해소하기 위해 이 책을 만들었다.

'AI는 엑셀처럼 누구나 사용하는 도구'가 될 것이다. 마이크로소프트의 오피스 프로그램인 엑셀은 문과·이과 관계없이 정말 많은 사람이 사용하고 있는 표 계산 소프트웨어이다. 어쩌면 약간은 과장처럼 들릴지도 모르겠지만, 엑셀처럼 AI도 많은 사람이 사용할 수 있는 일반적인 도구가 되고 있다.

얼마 전까지만 해도 AI 세계는 수리나 기술과 관계있는 '이과형

AI 인재'가 이끌었다. 하지만 AI 기술이 일반화되어 지금은 누구나도 부담 없이 AI를 사용할 수 있게 되었다. 이제는 'AI를 어떻게 만들까' 보다 'AI를 어떻게 잘 사용할까'가 앞으로 더 큰 과제가 되고 있다.

그래서 중요한 것이 비즈니스 현장을 잘 아는 문과형 AI 인재이다. 이 책은 '문과형 AI 인재'가 되는 데 필요한 내용을 다음과 같은 흐름으로 소개한다.

① AI 사회에서 일자리를 잃지 않으려면
② 문과형 사람을 위한 AI 경력 만들기
③ AI의 기본은 통째로 외우자
④ AI 만드는 방법의 개요를 이해한다
⑤ AI 기획력을 연마한다
⑥ AI 사례를 철저하게 익힌다_업종×활용 타입별 45가지 사례
⑦ 문과형 AI 인재가 사회를 바꾼다

이 책에서 다루는 내용을 제대로 익히면 독자 여러분도 '문과형 AI 인재'가 될 수 있다. AI 프로젝트의 사전 준비나 AI 전문 회사 면접 대책, 사내에서 AI 부서에 지원할 때의 대책으로도 딱 좋다.

이 책은 다음의 3가지 원칙으로 만들었다. '프로그래밍과 통계·수리적 내용을 깊게 다루지 않는다', 'AI 전문 용어를 가능한 한 사용하지 않는다', '가능한 한 많은 사례를 소개한다'이다. 부디 편안하

게 읽어주길 바란다.

　AI와 함께 활기차게 일하는 '문과형 AI 인재'가 많이 태어나길 진심으로 기원한다!

2019년 12월

노구치 류지@noguryu

차 례

제1장

AI 사회에서 일자리를 잃지 않으려면 무엇을 해야 하나?

제2장

문과형 인재를 위한 AI 경력 만들기

상태에서 AI를 만드는 3가지 방법 / AI를 만들지 못해도 사용할 줄만 알면 된다

능숙하게 활용하는 문과형 AI 인재가 중요하다 50

AI를 만들지 사용할지 판단하는 능력이 중요하다 / AI를 잘 사용하는 사람이 비즈니스를 이끌어간다

문과형 AI 인재의 업무는 무엇일까? 55

이과형 AI 인재가 하지 않는 모든 업무 / 문과형 AI 인재의 구체적인 업무 / AI 기획은 AI를 어떻게 활용할지 고민하는 업무 / AI를 만드는 프로젝트 매니저의 업무는 프로젝트 관리 전반 / GUI 기반 AI 구축 환경에서는 문과형 AI 인재라도 가능 / 이미 완성된 AI 서비스 중에서 어떤 것을 사용할지 검토 / AI 현장 도입과 AI 이용·관리 업무 / AI 방침·투자 판단은 AI 활용 전략을 책정하는 업무 / 직종별 AI 전문가의 탄생 / 세분되는 문과형 AI 인재의 업무

문과형 AI 인재가 되기 위한 4단계 63

AI와 함께 일하는 능력이 필요하다 / 기본 지식, 만드는 법, 기획력, 사례를 습득한다

제4장

STEP ② AI 만드는 방법의 큰 그림을 이해하자

제7장

문과형 AI 인재가 사회를 변화시킨다

제1장

AI 사회에서 일자리를 잃지 않으려면 무엇을 해야 하나?

HOW

AI & THE HUMANITIES

WORK TOGETHER

HOW
AI & THE HUMANITIES
WORK TOGETHER

AI 실직을 두려워 말고
AI 일자리에 취업할 준비를 하자

AI 실직은 바꿀 수 없는 진실

인터넷, TV, 잡지 등에서 매일 'AI 때문에 일자리가 없어지지 않을까?'라고 한다(《도표 1-1》). 'AI 때문에 사라질 직업이 많다'는 것은 이제 변할 수 없는 진실이다. 우선 있는 그대로 받아들이자. 그다음을 준비하고 행동하는지가 더 중요하다. 즉 사람이 이긴다, 진다라는 태도보다 AI와 함께 일한다는 태도로 전환해야 한다.

AI 때문에 일자리가 없어지면 새로운 시대의 새로운 직종으로 변하면 된다. 역사를 돌아보자. 새로운 기술이 태어나서 사회에 정착했을 때 몇 가지 일자리가 사라졌지만, 다른 한편으로는 그 기술을 사용하는 새로운 일자리가 만들어졌다.

• 냉장고가 만들어져 얼음 가게 일이 없어졌고 전자제품 가게라는 일자리가 만들어졌다

〈도표 1-1〉 10~20년 후에는 사라질 직업 25개

1	전화 영업 사원(텔레마케터)
2	부동산 등기 심사·조사원
3	손바느질 재봉사
4	컴퓨터를 사용한 데이터 수집·가공·분석 담당자
5	보험업자
6	시계 수리공
7	화물 취급인
8	세무신고 대행인
9	필름 사진 현상 기술자
10	은행의 신규 계좌 개설 담당자
11	도서관 사서 보조원
12	데이터 입력 작업원
13	시계 조립·조정공
14	보험금 청구·보험 계약 대행인
15	증권회사의 일반 사무원
16	수주 담당자
17	주택·교육·자동차 대출 등의 대출 담당자
18	자동차 보험 감정사
19	운동 경기 심판
20	은행 창구 담당 직원
21	금속·목재·고무의 에칭·조각업자
22	포장기·충진기 조작원
23	조달 담당자(구입 보조원)
24	화물의 발송·수취 담당자
25	금속·플라스틱 가공용 밀링머신·평삭반 조작원

- 출처: 아라이 노리코 『대학에 가는 AI vs 교과서를 못 읽는 아이들』(해냄출판사)
- 원전: C. B. Frey and M. A. Osborne, "The Future of Employment: How Susceptible are Jobs to Computerisation?" September 17, 2013.

- 자동차가 만들어져 마부가 일자리를 잃었고 운전과 차량 판매 일자리가 만들어졌다
- IT가 보급되어 서류 정리 사무직이 일자리를 잃었고 IT 관련 일자리가 만들어졌다

산업혁명, IT 혁명과 같은 커다란 기술 전환 시기에도 기존 직종이 사라지고 새로운 직종이 태어났다. AI 시대에도 마찬가지이다.

AI 일자리가 계속 만들어진다

AI 시대에 새로운 AI 일자리가 생기는 것은 당연하다. IT 혁명이 일어나서 인터넷이 보급될수록 IT 관련 일자리가 많이 생겼다. '직업이 뭔가요?'라고 물어보면 'IT 관련 일을 합니다'라고 대답하는 사람이 급증한 것처럼, 'AI 관련 분야에서 일하고 있습니다'라고 대답하는 사람도 틀림없이 급증할 것이다.

IT 관련 직업이라고 해도 세세하게 많은 직종이 있는 것처럼, AI 관련 일자리도 다양하게 만들어질 것이다. AI 때문에 사라지는 일자리를 보충하는 새로운 AI 일자리가 반드시 만들어지니 걱정할 필요는 없다. 가장 위험한 것은 AI 실직을 두려워하느라 지금의 일자리에 지나치게 집착해 꼼짝하지 않는 것이다.

'내 직종은 괜찮을까?'라고 걱정하기보다, 새로운 시대를 향해 유연하게 행동하기 위해 '지금의 내 기술과 경험, 업계 지식을 활용해서 AI와 함께 일하면 된다' 같은 마음가짐으로 전환하자. 즉, AI 실직을 두려워 말고, AI 일자리를 가질 준비를 시작하자.

AI와 함께 일하기 기술을 익히자

왜 AI에 불안을 느끼는가

'AI 실직을 두려워하지 않는다'라는 이야기를 해왔는데, 애초부터 왜 다들 AI 자체를 두려워할까? 여러 이유가 있겠지만, '왠지 대단할 것 같다', '정체를 모르겠다', '잘 모르겠지만 무섭다'라는 막연한 이유가 많은 것 같다. 일반적으로 말하는 '미지의 사물에 대한 공포감'이라고 할 수 있다.

대형 컨설팅 회사인 액센츄어가 조사한 내용을 보면, 일본 노동자가 'AI가 나의 일에 긍정적인 영향을 준다'라고 답한 비율은 22%에 불과하다. 이는 세계 평균인 62%보다 40%포인트나 낮다. 이 조사로 '일본인은 세계 다른 나라 사람들보다 AI에 불안감을 더 많이 느끼고 있다'라고 할 수 있다.

중국 춘추시대의 병법서인 『손자』에 이런 글이 있다. "知彼知己

百戰不殆(지피지기 백전불태)". '상대와 자신을 알면 백 번 싸워도 위태롭지 않다'라는 뜻이다. 『손자』의 이 글을 적절하게 바꿔 말하면, 'AI(彼)를 알고 나를 알면 위험할 일이 없다'라고 할 수 있을 것이다.

- AI를 모르면 공포가 커진다
- AI를 알면 공포도 사라지고 잘 사용할 수 있게 된다

'AI 실직'이라는 막연한 공포와 불안에서 벗어나려면, 먼저 한 걸음 내딛자. 그 걸음이란 AI를 더 잘 아는 것이다. AI를 잘 알면 공포가 없어지는 것은 말할 것도 없고, AI를 잘 사용하는 사람이 될 수 있다. AI를 아는 것이야말로 'AI 실직'에서 해방되고, AI를 잘 사용하는 'AI 일자리'로 가는 첫걸음이다.

AI와 함께 일하기라는 스타일이 널리 퍼진다

AI가 보급되면서 사람과 AI가 함께 일하는 일자리가 많이 만들어지고 있다. '사람과 AI가 함께 일하는' 스타일이 널리 퍼진다고 할 수 있을 것이다.

AI를 잘 알면 이해할 수 있을 것이다. 하지만 AI가 잘하는 일이 많은 한편, 업무 내용에 따라서는 아직 사람의 일을 전부 대신할 정도로 완벽하지 않은 경우도 많다. 그러므로 AI의 불완전한 부분을 알고, 사람이 보완할 필요가 있다.

<도표 1-2> 사람과 AI가 함께 일하는 단계

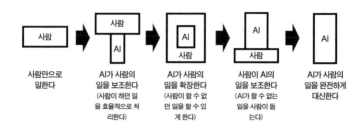

사람	사람 AI	AI 사람	AI 사람	AI
사람만으로 일한다	AI가 사람의 일을 보조한다 (사람이 하던 일 을 효율적으로 처 리한다)	AI가 사람의 일을 확장한다 (사람이 할 수 없 던 일을 할 수 있 게 한다)	사람이 AI의 일을 보조한다 (AI가 할 수 없는 일을 사람이 돕 는다)	AI가 사람의 일을 완전하게 대신한다

업무 내용에 따라 사람이 잘하는 일과 AI가 잘하는 일이 다르므로, 사람과 AI가 함께 일하며 서로 보완하는 패턴이 몇 가지 있다. 사람이 잘 못하는 일을 AI가 보완할 수도 있고, AI의 불완전한 부분을 사람이 보완할 수도 있다.

'어느 정도 비율로 AI에 업무를 넘기는가?'라는 시점에서 사람과 AI가 함께 일하는 패턴을 분류할 수 있다. 구체적으로는 다음과 같은 5가지로 나눌 수 있다.

① 사람만으로 일한다

② AI가 사람의 일을 보조한다

③ AI가 사람의 일(잘 못하는 일)을 확장한다

④ 사람이 AI의 일(잘하는 일)을 보조한다

⑤ AI만 일한다=AI가 사람의 일을 완전하게 대신한다

또한 5가지 패턴은 함께 일하는 단계라고도 할 수 있다(《도표 1-2》). '사람만이 일하는' 상태와 '사람의 일을 AI가 완전하게 대신하는' 상태 사이에는, AI가 어디까지나 사람을 보조하는 상태와 반대로 사람이 AI를 보조하는 상태가 있다.

AI에 일을 맡기는 비율은 사람이 조정한다. 사람과 AI가 함께 일하는 스타일(AI에게 맡기는 비율)을 최적화하는 깃에서 사람은 중요한 역할을 할 것이다. 이 역할을 맡는 것이 새로 만들어지는 'AI 일자리'이다. 사람과 AI의 분업을 잘 조정하는 것이 'AI 일자리'의 역할이다.

그리고 그 역할을 다하려면 AI를 잘 알고, 사람이 잘하는 분야와 잘 못하는 분야를 다시 제대로 인식해야 한다.

AI와 함께 일하는
5가지 스타일

분업 정도에 따른 5가지 분류

실무현장에서 점점 더 많이 AI를 활용하는 사례가 늘어나면서 사람과 AI 사이에 분업하는 스타일이 다양하게 생겼다. 그렇다고 모든 업무를 AI가 사람을 대신해 할 수 있는 것도 아니고, 모든 업무를 사람만으로 끝낼 수 있는 것도 아니다.

앞으로는 업무마다 사람과 AI가 각자 어떤 영역의 일을 맡을지 균형을 잡을 필요가 있다. 업무 안에서 사람과 AI가 분업하는 균형을 설계하는 것이, AI시대에 향후 비즈니스와 점포의 생산성으로 이어질 것이기 때문이다.

사람과 AI의 분업 스타일을 크게 나누면, 다음과 같이 5가지 패턴으로 분류할 수 있다(《도표 1-3》).

〈도표 1-3〉 AI를 이용하는 5가지 분업 스타일

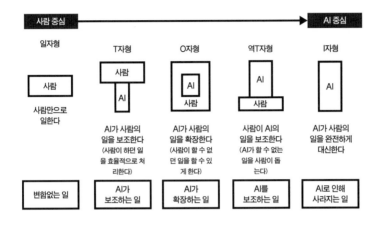

① 사람만이 일하는 일자형

② AI가 사람의 일을 보조하는 T자형

③ AI가 사람의 일을 확장하는 O자형

④ 사람이 AI의 일을 보조하는 역T자형

⑤ AI가 사람의 일을 완전하게 대신하는 I자형

'사람과 AI의 분업 스타일' 5가지 유형을 〈도표 1-4〉에 정리했다. 각각의 경우 주요 업무와 이용하는 AI 종류, 업무 사례를 자세하게 나열했으니 전체 내용을 한 번 읽어보는 것이 좋다. 업무에서 사용하는 AI의 종류는 뒤에서 상세하게 설명하겠다.

〈도표 1-4〉 사람과 AI의 분업 스타일

	분업 스타일	상태
사람	**일자형** 사람만으로 일한다	AI가 개입하지 않고 사람만으로 업무를 수행하는 상태
사람 / AI	**T자형** AI가 사람의 일을 보조한다	AI가 일부 업무를 대신하며, 업무를 수행하는 중심은 사람
AI / 사람	**O자형** AI가 사람의 일을 확장한다	AI가 사람의 업무를 확장하며, 이제까지 사람이 할 수 없었던 업무를 가능하게 함
AI / 사람	**역T자형** 사람이 AI의 일을 보조한다	AI가 많은 업무를 대신하지만, 사람이 일부를 보조. 사람이 사전준비하는 상태 또는 불완전한 부분을 확인하고 완성하는 상태
AI	**I자형** AI가 사람의 일을 완전하게 대신한다	AI가 업무 대부분을 담당하는 상태

주요 업무	사용하는 주요 AI	업무 사례
관리 업무		매니지먼트·경영 업무
크리에이티브 업무		디자인 업무 창작 업무
접객 업무	대화형 AI	점포접객 업무
영업 업무	대화형 AI	부동산 영업 보험 영업 법인 영업
교육 업무	예측형 AI	학습지도 업무
기획·집필 업무	예측형 AI	집필 업무 기획 업무
사회사업 업무	실행형 AI	돌봄 업무 사회복지 업무
고도의 전문 업무	식별형 AI·예측형 AI	의료 업무·간호 업무 변호사 업무 회계사 업무
예측분석 업무	예측형 AI	트레이더 업무 애널리스트 업무 마케팅 분석 업무
데이터 입력 업무	식별형 AI·예측형 AI	받아쓰기 업무 번역 업무
전화 응답 업무	대화형 AI	전화 상담원 업무
운전 업무	실행형 AI	택시/버스 운전 업무
운반 업무	실행형 AI	화물 분류와 트럭 운전 업무
주문·회계 업무	대화형 AI	소매점 계산원 업무 음식점 주문 업무
감시 업무	식별형 AI·예측형 AI	이상 감지·감시 업무 불량품 검출 업무

사람만으로 일하는 일자형

사람과 AI의 분업은 '사람 중심'인가 'AI 중심'인가에 따라 스타일을 나눌 수 있다. 일자형은 AI에 의지하지 않고 사람만 일하는 예전 그 대로의 일이다. 예를 들면 다음과 같다.

• 관리 업무

• 크리에이티브(창의적) 업무

매니지먼트·경영 업무와 같이 사람을 관리하거나 회사를 경영하는 '관리 업무'와 디자인이나 각종 제작을 담당하는 '크리에이티브 업무'가 대표적인 일자형 업무이다. AI가 이런 업무 일부를 간접적으로 보조할 가능성이 있지만, AI에 의지하지 않고 사람만이 만들어낼 수 있는 가치를 제공하기 쉬운 일이라 할 수 있다.

AI가 사람의 일을 보조하는 T자형

사람을 표현하는 가로 선을 AI가 밑에서 받치는 것이 T자형 분업 스타일이다. T자형에서는 원래 사람이 하던 업무를 AI가 일부 대신하거나 보조한다. T자형 분업 스타일 업무는 다음과 같다.

• 접객 업무

• 영업 업무

- 교육 업무

- 기획·집필 업무

- 사회사업 업무

연상하기 쉬운 업무를 예로 들면 다음과 같다. 접객 업무에는 점포접객 입무, 영입 입무에는 부동산 영업, 보험 영업, 법인 영업이다. 교육 업무에는 학습지도 업무, 기획·집필 업무에는 집필 업무, 기획 업무, 사회사업 업무에는 돌봄 업무, 사회복지 업무 등이 있다.

T자형 분업 스타일에서는 업무를 수행할 때 사람과 AI의 관계가 늘어나, 사람이 AI에 관한 지식을 가졌는지에 따라 업무 효율화가 달라진다. T자형에 해당하는 업무에 종사하는 사람이 AI가 잘하는 일, 잘 못하는 일, AI는 어떻게 만들어졌는지를 어느 정도 이해하면, AI를 사용해 자신의 업무를 더 효율적으로 만들 수 있다.

점포 접객을 예로 들어보자. 의류 점포에서 AI를 탑재한 접객용 디스플레이 단말기를 도입했다고 하자. 손님 대응을 AI를 탑재한 디스플레이 단말기가 대신하면, 손님이 찾는 제품을 찾아내고, 과거 구매 이력을 보고 추천할 수도 있다. 그러나 AI의 접객만으로는 손님 모두가 100% 만족할 수는 없다. 어떤 손님은 친한 점원의 의견을 듣고 싶어 하거나, 대화를 나누며 물건을 고르고 싶어 하는 경우가 있을 수 있다.

AI가 손님에게 어떤 접객을 할 수 있고 어떤 접객을 할 수 없는

지를 사람인 종업원이 충분히 이해하면, AI가 접객하는 부분과 사람이 밀착해 접객하는 부분을 나눠서 조정할 수 있다. AI를 알고 AI를 제어하면 T자형 분업이 더욱 효과적일 수 있다.

AI가 사람의 일을 확장하는 O자형

T자형은 원래 사람이 하던 업무를 대행·보조하는 것이지만, O자형은 사람이 원래부터 할 수 없던 것을 AI가 확장해주는 스타일이다. O는 사람의 업무 안에 AI가 들어와 처리할 수 있는 범위가 넓어지는 이미지를 표현한다. 다음의 2가지가 사람의 일을 AI가 확장하는 O자형의 대표적인 업무이다.

· 고도의 전문 업무

· 예측분석 업무

O자형

사람의 일을 AI가 확장하는 O자형 업무에는 '고도의 전문 업무'와 '예측분석 업무' 등이 있다. 고도의 전문 업무는 상당히 범위가 넓다. 구체적으로는 의료 업무, 간호 업무, 변호사 업무, 회계사 업무 등과 같이 국가 자격이 필요한 업무처럼 깊은 전문성과 경험이 필요한 영역을 들 수 있다.

사람의 일을 확장해준다는 점에서 이미 여러 사례를 의료 업무에서 볼 수 있다. 화상진단을 정밀하게 해서 의사보다 AI의 암 검출

성공률이 높아지거나, 알츠하이머일 가능성이 어느 정도인지 AI가 뇌 수축 상태를 통해 판단하는 것이 있다. 또한 AI가 생활습관병을 예측하거나, 독감 유행을 예측하는 것처럼 의료 종사자의 업무를 확장하는 사례가 많아지고 있다.

변호사 업무를 확장하는 사례도 있다. 수많은 과거 판례를 AI에 입력해 다음 재판이 어떻게 전개될지, 무엇이 핵심 내용인지, 판결이 어떻게 될지를 예측하는 등 변호사와 조수의 업무를 확장할 수도 있을 것이다.

O자형 스타일로 AI와 함께 일하려면, 먼저 사람이 할 수 있는 일과 그렇지 않은 일을 파악해야 한다. 그다음 사람이 할 수 없는 일 중에서 'AI로 할 수 있는 것은 무엇일까?', 'AI로 처리하면 가치가 높아지는 일은 어떤 것일까?'를 찾아내자. 업무와 업계에 관한 깊은 지식과 AI에 관한 기초지식을 결합하면, 현재 업무에 큰 혁신을 가져올 수 있을 것이다.

AI가 사람을 확장하는 O자형에서는 AI밖에 모르는 AI 전문가만으로는 AI 활용도를 높이기가 어렵다. 고도의 전문 업무는 업무와 업계에 관한 깊은 지식이 없으면 제대로 수행할 수 없는 고난도 영역이기 때문이다. 그러므로 업무·업계에 관한 깊은 지식이 있고, AI에 관한 지식도 있는 문과형 AI 인재가 AI 활용도를 끌어올리는 열쇠를 갖게 된다.

트레이더, 애널리스트, 마케팅 분석 업무를 포함하는 예측분석 업무에서도 마찬가지이다. 기존 업무 지식을 보유하는 비즈니스 인력이 AI 사용을 견인한다.

사람이 AI의 일을 보조하는 역T자형

사람의 일을 AI가 보조하는 T자형과 사람의 일을 AI가 확장하는 O자형에서는 사람이 주요 업무를 수행한다. 반면에 역T자형은 AI가 중심이 되어 업무를 수행하고 부족한 부분을 사람이 보조하는 분업 스타일이다. AI가 모든 업무 공정을 수행할 수 있거나 AI가 항상 높은 정확도로 결과물을 낸다면, AI가 거의 모든 업무를 수행하는 'I자형'으로 이행할 수 있다. 하지만 대다수 업무가 그렇지는 않다.

역T자형에서는 AI가 업무를 실행하려면 사람이 사전 준비를 하거나, AI의 결과물을 사람이 확인하고 일부 고쳐서 AI의 불완전함을 보완한다. T자를 180도 회전한 역T자는 AI를 사람이 받치는 이미지를 나타낸다.

역T자형 업무의 예로 다음의 4가지를 소개한다.

- 데이터 입력 업무
- 전화 응답 업무
- 운전 업무
- 운반 업무

역T자형

AI

사람

구체적인 업무 내용으로는 회의 내용 등을 받아쓰는 업무, 번역 업무, 전화 상담원 업무, 택시/버스 운전 업무, 화물 분류와 트럭 운전 업무 등이 있다.

받아쓰는 업무를 예로 들면, AI가 90% 정도 정확하게 자동으로 문자를 입력해주지만 완벽하게 올바른 문장을 만들지는 못한다. 특히 새로 만들어진 용어와 특수한 용어는 AI가 잘 알아듣지 못한다. 그러므로 대부분의 문자 입력을 AI가 하더라도 틀린 부분 확인이나 입력을 수정하는 작업은 사람이 맡아야 높은 품질의 문장을 보장할 수 있다.

AI는 전화 응답 업무도 잘하고 있지만, 사람이 AI를 보조하는 덕분에 응답 품질을 유지할 수 있다. AI가 만드는 합성음성 품질이 좋아졌는데, 특히 영어는 사람 목소리와 구별하기 어려운 정도까지 좋아졌다. 가게를 예약하는 것 같은 단순한 소통 작업이라면 AI라도 대화 내용을 틀리는 경우를 줄일 수 있다. 다만 불규칙한 내용에 대해 AI가 완전하게 대응하지 못한다면, 보조 회선에서 대기하는 사람에게 연결하는 체제를 갖추어 응답 품질을 유지할 수 있을 것이다.

역T자형 분업은 AI에게 업무 대부분을 맡기지만, AI가 잘하지 못하는 부분을 사람이 보조하는 식으로 역할을 나눈다. AI를 잘 보조하려면 AI에 관해 잘 알아야 한다. '이 정도 단순한 전화 응답이라면 AI가 잘 처리할 수 있지만, 불규칙한 질문에는 대응할 수 없다', 'AI는 99% 안전성을 담보하지만, 나머지 1%에서 큰 사고를 일으킬 수도 있다'와 같이 AI가 잘 처리하지 못하는 업무를 제대로 이해하는 것이 '역T자형' 분업을 수행하는 AI 사용자에게 필요하다.

AI가 사람의 일을 완전하게 대신하는 I자형

마지막으로 소개하는 것은 사람의 일을 AI가 완전하게 대신하는 I자형 분업이다. 이 스타일에서는 AI가 중심이 되어 업무를 진행한다. I자형에서는 AI가 사람에 의지하지 않고 일을 한다. I자형에 해당하는 업무는 'AI 때문에 사라질 업무'일 가능성이 있다. AI가 완전하게 사람을 대신한다면, 이 업무에서 사람의 역할은 점점 줄어들거나 언젠가는 없어질 것으로 생각할 수 있다.

I자형 업무에서 사람은 가치를 만들기 어려워질 것이다. 구체적인 예는 다음과 같다.

· 주문·회계 업무

· 감시 업무

I자형

AI

대표적인 I자형 업무는 주문·회계 업무, 감시 업무이다. 주문·회계 업무에는 소매점의 계산대 업무, 음식점 주문 업무 등이 있다. 감시 업무는 이상 검지·감시 업무, 불량품 검출 업무 등이 있다. 앞으로는 사례로 나온 업무 외에도 더 많은 업무가 I자형으로 될 것으로 보인다.

AI 시대, 당장 대비해야 한다

지금까지 소개한 것처럼 '사람과 AI의 분업'이 진행되면, 사회 곳곳에 커다란 변화가 생길 것이라 예상한다. 커다란 변화가 일어나는 시대에서는 행동하지 않는 것이 리스크가 된다. AI 시대는 누구보다도 빨리 실행해야 하는 시대인 것이다. 앞에서 소개한 'AI에 불안감을 느낀다'는 조사 내용처럼, AI를 막연하게 불안해하면 안 된다. AI를 적극적으로 사용하기 위해 어떻게든 행동을 일으켜야 한다. 변화를 두려워해 걱정만 하지 말고, 한 사람 한 사람이 일단 행동하자. 변화를 두려워해 걱정만 하지 말고, 한 사람 한 사람이 일단 행동하자. 행동이야말로 '사람과 AI의 분업' 시대를 평안하게 지내기 위한 유일한 특효약이다. 그리고 이처럼 빠르게 변화하는 시대에서 가능한 한 서둘러서 앞으로 더욱 중요해질 'AI와 함께 일하는 기술'을 익히도록 하자.

제2장

문과형 인재를 위한 AI 경력 만들기

HOW
AI & THE HUMANITIES
WORK TOGETHER

HOW
AI & THE HUMANITIES
WORK TOGETHER

AI, 만들기에서
사용하기로

AI를 만든다는 것과 AI를 사용한다는 것은 다르다

AI가 대두되면서 지금까지의 AI 인재 교육은 AI를 '만드는' 것에 초점을 맞췄었다.

AI를 만들기 위한 프로그램과 서버를 구축하는 방법 같은 AI 기술론을 비롯해 AI를 똑똑하게 만드는 기술을 선정하는 방법과 학습 데이터 등을 어떻게 가공할지와 같은 내용을 다루는 서적과 교육 프로그램도 충실해졌다. AI를 '만드는' 교육 환경이 갖추어졌다고 해도 괜찮을 것이다. 이런 교육 환경 속에서 AI 엔지니어[1], 또는 데이터 사이언티스트[2]처럼 AI를 만드는 쪽에 있는 직업을 가진 인재는 예전

---

1 AI Engineer, AI 영역의 시스템을 구축하는 엔지니어이다. AI용 서버, 프로그램, AI 튜닝 등을 담당하는데 그 범위는 엔지니어에 따라 다르다.

2 Data Scientist, 주로 수리·통계적으로 접근하여 AI를 사용한 모델을 만든다. 학습 데이터 처리와 시스템 부분 등 데이터 사이언티스트에 따라 담당하는 영역이 다르다.

보다 훨씬 늘었다.

이렇게 AI를 '만드는' 쪽의 교육 환경은 충실해졌지만, AI를 '사용하는' 쪽의 교육 환경과 인재의 경력를 뒷받침하는 환경은 아직 정비되었다고 할 수 없다. 이 책을 비롯해 AI를 '사용하기' 위한 참고서와 교육 과정은 앞으로 더 충실해져야 한다고 생각한다.

AI, 편하게 만들 수 있다

최근에는 AI를 '만드는' 장벽이 아주 낮아졌다. AI를 만드는 쪽의 경험자가 증가하고 교육 환경도 갖추어지기도 했지만, 단지 그것만이 이유는 아니다. AI를 구축하는 환경이 편리하게 발전하여 예전보다 AI를 만들기가 편해지기도 했다.

요구하는 AI의 정확도 수준에 따라 달라지지만 일반적인 수준으로 정확한 AI를 만든다면, 숙련된 AI 기술자나 데이터 사이언티스트가 없어도 간편하게 AI를 만들 수 있다.

아무것도 없는 상태에서 AI를 만드는 3가지 방법

몇 년 전까지만 해도 AI를 만들려면 거의 아무것도 없는 상태에서 만들어야 했다. 그러나 기술과 서비스가 발달하면서 그런 시대는 끝났다. 아무것도 없는 상태에서 AI를 만들던 시대는 지나고, 다음과 같은 3가지 선택지가 등장했다(《도표 2-1》).

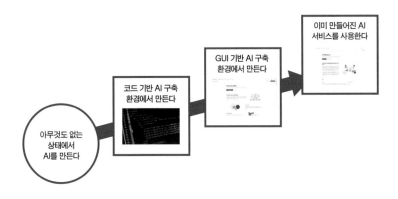

- 코드[3] 기반 AI 구축 환경에서 만든다

- GUI[4] 기반 AI 구축 환경에서 만든다

- 이미 만들어진 AI 서비스를 사용한다

이렇게 새로운 선택지가 등장한 배경에는 대형 플랫폼 기업과 벤처 기업이 있다. 아마존이나 구글 같은 플랫폼 기업과 국내외 AI 벤처 기업이 '코드 기반 AI 구축 환경'과 'GUI 기반 AI 구축 환경'을 급속하게 발전시켜서 개발 환경이 크게 바뀌었다.

코드 기반 AI 구축 환경은 AI용 코드를 작성하는 것을 전제로 하

---

3 프로그래밍 구성 요소를 가리킨다.

4 GUI, Graphical User Interface의 머리글자로, 마우스의 드래그&드롭과 클릭으로 조작하는 화면을 가리킨다.

는 AI 구축 지원 환경으로, 프로그래밍 코드를 만들 수 있는 사람을 위한 서비스이다. 코드를 만들어야 하지만, AI를 만드는 데 필요한 보조 기능이 대부분 준비되어 있어 아무것도 없는 상태에서 AI를 만드는 것보다 훨씬 편하게 구축할 수 있다. 코드 기반 AI 구축 환경에는 다음과 같은 것이 있다.

- 아마존 SageMaker (〈도표 2-2〉)

- 구글 AI Platform (〈도표 2-3〉)

- Azure Machine Learning

- Watson Machine Learning

〈도표 2-2〉 아마존의 SageMaker 소개 페이지

・출처: https://aws.amazon.com/ko/sagemaker

〈도표 2-3〉 구글의 AI Platform 소개 페이지

GUI 기반 AI 구축 환경은 AI용 코드를 작성할 필요가 없다. 그 대신 GUI를 조작해서 AI를 만들 수 있는 구축 지원 환경이다. 주로 프로그래밍 코드를 작성할 수 없는 사람을 위한 서비스이다. GUI 기반 AI 구축 환경으로는 다음과 같은 것이 있다.

• 구글 Cloud AutoML (〈도표 2-4〉)

• DataRobot

• Sony Prediction One (〈도표 2-5〉)

• MAGELLAN BLOCKS

• ABEJA Platform

〈도표 2-4〉 구글의 Cloud AutoML 소개 페이지

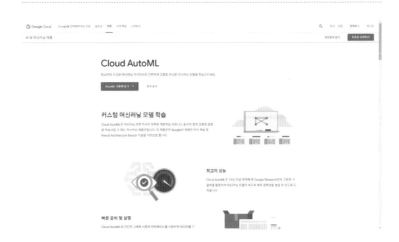

- 출처: https://cloud.google.com/automl/?hl=ko
- Google and the Google logo are registered trademarks of Google LLC, used with permission.

〈도표 2-5〉 DataRobot의 AI 서비스 소개 페이지

- 출처: https://www.datarobot.com/platform/

코드 기반 AI 구축 환경과 GUI 기반 구축 환경이 발달한 덕분에 AI를 더욱 손쉽게 만들 수 있다.

AI를 만들지 못해도 사용할 줄만 알면 된다

이밖에도 여러 회사가 '이미 만들어진 AI 구축 환경'을 제공한다. 이미 만들어진 AI 서비스는 직접 AI를 만들지 않고 이미 만들어진 AI를 이용한다. 필요한 기능을 가진 AI가 이미 만들어져 있다면, AI를 새로 만들 필요가 없으므로 AI를 좀 더 빨리 사용할 수 있다. 이미 만들어진 AI 서비스로 다음과 같은 것이 있다.

- 구글의 AI 서비스
- 아마존의 AI 서비스 (〈도표 2-6〉)
- 라인 브레인
- Azure Cognitive Services
- Watson API (〈도표 2-7〉)

이미 만들어진 AI 서비스는 주로 챗봇, OCR[5], 화상 인식, 음성 인식, 음성 합성 등을 다룬다. 기업이 직접 만들지 않더라도 AI를 사용하기만 해도 되는 경우가 늘어날 것이다.

---

5 광학적 문자 판독장치이며, 글을 포함한 문서의 이미지를 문자 데이터로 변환하는 소프트웨어이다.

〈도표 2-6〉 아마존의 AI 서비스 소개 페이지

• 출처: https://aws.amazon.com/ko/machine-learning/ai-services/?nc1=h_ls

〈도표 2-7〉 Watson의 AI 서비스 소개 페이지

• 출처: https://www.ibm.com/kr-ko/watson/products-services

이렇게 코드 기반 AI 구축 환경, GUI 기반 AI 구축 환경, 이미 만들어진 AI 서비스가 발전하면서 '아무것도 없는 상태에서 AI를 만들' 필요가 없어져 가고 있다. 이로 인해 AI를 만들기 위한 전문성을 충분히 갖추지 않아도 아무것도 없는 상태에서 AI를 만들던 때보다 쉽게 AI를 만들거나 사용할 수 있게 되었다.

능숙하게 활용하는
문과형 AI 인재가 중요하다

AI를 만들지 사용할지 판단하는 능력이 중요하다

앞서 말한 바와 같이 코드 기반 AI 구축 환경, GUI 기반 구축 환경이 발전하며 AI를 만드는 환경이 크게 바뀌었다. 또한 이미 만들어진 AI 서비스가 증가하여서 직접 AI를 만들지 않아도 AI를 사용하면 되는 사례도 늘어났다.

직접 AI를 만들면 맞춤형으로 만들 수 있고 AI의 정확도를 추구할 수도 있지만, AI를 만들 인재 확보와 만든 AI를 유지하는 비용이 커진다. AI를 만든다고 해도 코드 기반 AI 구축 환경은 맞춤형으로 만들기 좋지만, 다루기가 비교적 어렵고 시간이 걸린다. 이에 비해 GUI 기반 AI 구축 환경은 맞춤형으로 제작하는 능력은 약간 떨어지지만, 간단해서 빨리 만들 수 있다는 특징이 있다.

그리고 이미 만들어진 AI 서비스를 사용하면 더 간단해진다. 도

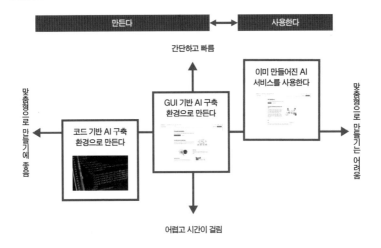

입하기까지 걸리는 시간도 짧아지고 총비용도 많이 낮아지기 때문
이다. 단, 직접 AI를 만드는 것보다 각 기업의 맞춤형으로 만들기는
힘들다(〈도표 2-8〉).

　선택지가 많은데, 이용 용도에 따라 적절하게 판단할 필요가 있
다. 그래서 AI를 만들 것인가, 만든다면 어디까지 맞춤형으로 할 것
인가, 직접 만들지 않는다면 이미 만들어진 AI를 사용할 것인가를
판단하는 능력이 매우 중요해졌다. 이런 판단을 해야 할 때 참고할
만한 각 회사의 AI 구축 환경과 이미 만들어진 AI 서비스를 정리했
다(〈도표 2-9〉). 만들지, 사용할지를 판단할 때 활용하기 유용할 것
이다.

〈도표 2-9〉 각 기업의 AI 구축 환경과 AI 서비스 정리

종류 플랫폼	코드 기반 AI 구축 환경
구글	• 구글 AI Platform • BigQuery ML(SQL을 이용한 모델 구축 환경))
아마존	• 아마존 SageMaker • AWS DeepRacer(자동운전 미니카) • AWS RoboMaker(로봇 앱)
기타	• Azure Machine Learning • Watson Machine Learning 등

GUI 기반 AI 구축 환경	완성된 AI 서비스
· Google Cloud AutoML 　AutoML Tables 　AutoML Vision 　AutoML Video Intelligence 　AutoML Natural Language 　AutoML Translation	**· Google의 AI 서비스** 　Vision AI(식별) 　Video AI(동영상 분석) 　Natural Language(언어 이해) 　Translation API(번역) 　Cloud Speech-to-Text(음성 받아쓰기) 　Cloud Text-to-Speech(음성화) 　Dialogflow(대화) 　Recommendations AI(추천) 　Dialogflow(대화) 　Recommendations AI(추천)
	· Amazon의 AI 서비스 　아마존 Rekognition(식별) 　아마존 Textract(OCR) 　아마존 Transcribe(음성 받아쓰기) 　아마존 Translate(번역) 　아마존 Comprehend(감정 분석) 　아마존 Polly(음성화) 　아마존 Lex(대화) 　아마존 Forecast(시계열 예측) 　아마존 Personalize(개인화)
· DataRobot **· Sony Prediction One** **· MAGELLAN BLOCKS** **· ABEJA Platform** **· Azure Machine Learning 서비스의 비주얼 　인터페이스 등**	**· LINE BRAIN** 　화상 인식, 챗봇, OCR, 음성 인식, 음성 합성 **· Azure Cognitive Services** **· Watson API** **· 각 회사의 AI 클라우드 서비스**

AI를 잘 사용하는 사람이 비즈니스를 이끌어간다

지금까지 여러 AI 프로젝트에서는 어쨌든 'AI를 만드는 것이 목적이' 되어버린 사례도 많았다고 생각한다. 원래는 사내에서 AI를 활용해 가능한 한 큰 비즈니스 가치를 만드는 것이 주된 목적이어야 한다. 비즈니스 가치를 최대화하려면 직접 만든 AI든, 이미 만들어진 AI든, 그런 'AI를 잘 사용하는' 것이 핵심이다.

정확도가 높은 AI를 만들었다 해도 어떤 상황에서 어떻게 사용할지 제대로 설계되지 않았다면, 잘 활용할 수 없어 성과를 내기도 어려워진다. 최악의 경우에는 우수한 AI를 만들었지만, 업무 프로세스에 도입하지 못해 창고에 보관해야 할 수도 있다. 이런 사례를 여기저기서 목격할 수 있는 것을 보면, 'AI를 잘 사용하는' 것이 얼마나 중요한지를 알 수 있다.

AI 만들기가 편해지고 이미 만들어진 AI 서비스도 증가하고 있다. 지금은 'AI를 잘 사용하는' 인재, 즉 비즈니스와 업무 지식에 밝고, AI에도 정통한 인재가 중요하게 여겨지는 시대에 들어선 것이다.

AI를 만드는 전문 능력은 없지만, 비즈니스와 업무 지식을 갖춘 문과형 인재는 AI 기초를 확실하게 배워야 한다. 그래서 '문과형 AI 인재'로 AI를 잘 사용하는 인재가 되어, AI를 활용하는 현장에서 크게 활약하는 것이 바람직하다.

문과형 AI 인재의
업무는 무엇일까?

이과형 AI 인재가 하지 않는 모든 업무

앞에서 AI를 만들지 못해도 사용할 수 있으면 되고, AI를 잘 사용하는 사람이 비즈니스를 이끈다고 이야기했다. 지금까지는 이과형 인재가 활약하기 편한 'AI를 만드는 일'에만 초점을 맞춰왔지만, 실무현장에서 AI 도입이 증가하면 할수록 앞으로는 'AI를 만드는 일'이 아닌 일이 많이 발생할 것이다. 이런 일은 문과형이 잘하는 영역이라 '문과형 AI 인재'의 업무가 많이 발생할 것이다.

그렇다면 문과형 AI 인재의 업무 내용에는 어떤 것이 있을까?

데이터 사이언티스트와 AI 엔지니어와 같이, 이른바 '이과형 AI 인재'는 주로 AI를 만드는 일을 담당한다. 그리고 AI를 만든 후에 현장에서 '실제로 가동하는 AI 시스템 구축'과 계속해서 AI를 사용할 수 있도록 'AI 시스템 운용 관리'하는 일도 이과형 AI 인재의 중요한 역할이다.

이런 업무 외에 이과형 AI 인재가 하지 않는 AI 활용에 필요한 모든 업무는 문과형 AI 인재가 수행한다.

IT 서비스에서 이과형 일자리인 IT 엔지니어와 그 밖의 IT 서비스를 지탱하는 문과형 일자리의 역할을 생각하면 이해하기 쉬울 것이다.

문과형 AI 인재의 구체적인 업무

문과형 AI 인재의 구체적인 업무 내용의 예를 살펴보자. 세상 속으로 AI가 보편화될수록 문과형 AI 인재의 업무 내용은 복잡해지고 범위도 넓어질 것이다. 여기서는 현 단계에서 주요한 업무 내용에 관해 소개하겠다.

〈도표 2-10〉 문과형 AI 일자리의 역할

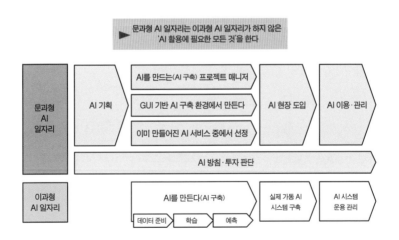

이과형 AI 인재의 주요한 업무는 'AI를 만드는 일(AI 구축)', '실제로 가동하는 AI 시스템 구축', 'AI 시스템 운용 관리'이다. 이 3가지 업무 외에 AI 활용에 필요한 업무를 '문과형 AI 인재'가 담당한다. AI 인재의 대표적인 업무를 이과형, 문과형으로 나눠서 〈도표 2-10〉에 정리했다.

AI 기획은 AI를 어떻게 활용할지 고민하는 업무

문과형 AI 인재의 업무를 하나씩 살펴보자. 첫 번째로 'AI 기획'이다. 이는 비즈니스에서 어떻게 AI를 선택할까, AI를 어떻게 활용할까를 생각하는 업무이다.

나중에 자세하게 설명하겠지만, 'WHO: 누구를 위한 AI?', 'WHY: 왜 AI가 필요한가?', 'WHICH: 어떤 타입의 AI?', 'WHAT: 어떤 AI?', 'HOW: 어떻게 분업할까?', 'WHEN: 언제까지 어떻게 준비할까?' 같은 AI 기획의 5W1H를 만드는 업무이다(〈도표 2-11〉). AI를 만드는 것을 목적으로 하지 않고, 비즈니스 과제를 해결하기 위해 또는 고객 불편을 해소하기 위해서 AI 계획을 상세하게 만든다.

'직접 AI를 만들까?', '어떤 환경에서 만들까?', '아니면 이미 만들어진 AI 서비스를 사용할까?'에 관해서도 AI 기획(구체적으로는 'WHEN: 언제까지 어떻게 준비할까?')에서 결정한다. 이 방침에 따라 AI를 만드는(AI 구축) 프로젝트 매니저, GUI 기반 AI 구축 환경에서 만든다, 이미 만들어진 AI 서비스 선정 중에서 업무를 수행한다.

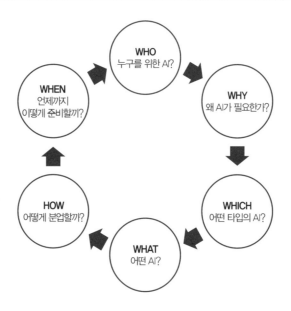

AI를 만드는 프로젝트 매니저의 업무는 프로젝트 관리 전반

'AI를 만드는(AI 구축) 프로젝트 매니저'는 AI 프로젝트의 전반적인 관리를 담당한다. 만약 이미 만들어진 AI 서비스로 조건을 만족시킬 수 없다면, AI를 만들어야 한다. 아무것도 없는 상태 또는 코드 기반 AI 구축 환경에서 AI를 만든다면, 이과형 AI 인재인 데이터 사이언 티스트나 AI 엔지니어를 사내 혹은 외부에 할당해 그들 멤버의 진행 관리와 품질 관리, 예산 관리 등을 수행하는 프로젝트 매니저의 역 할이 필요하다.

GUI 기반 AI 구축 환경에서는 문과형 AI 인재라도 가능

AI를 직접 만들 때, GUI 기반 AI 구축 환경을 이용하겠다고 정했다면, 문과형 AI 인재도 직접 이 환경을 사용해서 AI를 만들 수도 있다. GUI 기반 AI 구축 환경은 맞춤형으로 만들기에는 부족하지만, AI용 코드를 작성하는 기술과 복잡한 데이터 처리가 필요 없다. 물론 도구 이용법을 알아야 할 때도 있지만, 문과형 AI 인재리도 직접 AI를 만들 수 있다. GUI 기반 AI 구축 환경에서 어떤 AI를 만들지는 나중에 자세하게 설명하겠다.

이미 완성된 AI 서비스 중에서 어떤 것을 사용할지 검토

직접 AI를 만들지 않고 이미 만들어진 AI 서비스를 사용하기로 했다면, 그다음 할 일은 여러 서비스 중에서 '어떤 서비스를 사용할까?'를 결정하는 일이다.

'어떤 AI 서비스가 좋은지, 우리 회사에 맞는지' 등은 AI에 관한 기초지식 없이는 평가하기 어렵다. AI에 관한 기초지식을 익힌 다음에 적절한 서비스를 선정할 수 있도록 하자.

AI 현장 도입과 AI 이용·관리 업무

'AI 현장 도입' 업무는 이미 구축된 AI를 직장이나 가게 등에 도입하기 위해, 구체적인 업무 프로세스를 가미한 도입 계획을 세우거나 현장 도입 작업을 수행한다. AI 현장 도입은 직접 만든 AI를 다루는 경우와 이미 만들어진 AI 서비스를 다루는 경우가 있다.

'AI 이용·관리'는 현장에 도입한 다음에 AI를 계속 사용하거나 어떻게 이용할지 관리하는 업무이다.

AI 방침·투자 판단은 AI 활용 전략을 책정하는 업무

'AI 방침·투자 판단'은 AI 활용의 큰 방향을 정하거나, AI에 대한 투자를 판단하는 업무이다. 즉, 전략 책정에 관한 업무이다. 경영자와 관리직, 또는 컨설턴트 등이 중심이 되어 업무를 수행한다. 물론 여기에도 이과 출신 사람은 있겠지만, 이 책에서는 '이과형 AI 인재'가 아닌 AI 인재를 '문과형 AI 인재'라고 정의하므로, 그것을 전제로 읽어주길 바란다.

AI 방침·투자 판단은 커다란 비즈니스 결정을 해야 하지만, 비즈니스 영역의 경험만으로는 올바르게 판단하기 어렵다. AI에 관한 기초가 되는 지식과 수많은 사례를 습득해야만 적절하게 'AI 방침·투자 판단' 역할을 맡을 수 있다. 구체적인 사례로는 다음과 같은 업무가 있다.

- AI를 적극적으로 활용하는 업무와 서비스, 부문을 결정한다
- AI와 관련한 인재 획득·육성 방침을 정한다
- 기업 내에서 AI에 관한 투자액을 결정한다
- AI 투자로 얻을 수 있는 것을 상정한다

- 기업에서 AI를 활용하여 경쟁우위를 차지하는 전략을 제정한다

- 기업의 AI 활용 계획을 중기 계획으로 제정한다

직종별 AI 전문가의 탄생

각 업종에서 AI를 넓게 활용하면 특정 업종의 AI 전문가라는 업무도 등장할 것이다.

- 유통·소매 분야의 AI 전문가

- 전자상거래·IT 분야의 AI 전문가

- 패션 분야의 AI 전문가

- 연예·언론 분야의 AI 전문가

- 운송·물류 분야의 AI 전문가

- 자동차·교통 분야의 AI 전문가

- 제조·자원 분야의 AI 전문가

각 분야에서 AI 전문가들이 각 업종에 관한 깊은 지식을 살리며 AI를 자연스럽게 이용·활용해보자. 그러면 업무를 한층 효율적으로 처리하거나 이제까지 불가능했던 것을 서비스로 제공할 수도 있을 것이다.

세분되는 문과형 AI 인재의 업무

문과형 AI 인재의 업무는 이과형 AI 인재가 하지 않는 '모든 업무'이다. 그러므로 지금까지 소개한 업무 내용 외에도 AI 활용에 필요한 크고 작은 여러 업무가 발생하면, 그런 일들도 문과형 AI 인재의 일이 된다. 이번에는 AI 서비스의 영업직과 AI 학습 데이터 작성자, AI에 관해 교육 훈련을 담당하는 업무 등은 구체적으로 소개하지 않지만, 문과형 AI 인재로 간주해도 문제없다.

앞으로는 역할이 더욱 다양해질 것이다. 그러면 'AI 기획' 업무에는 AI 플래너나 AI 컨설턴트라고 불리는 직종이 등장하거나, 'AI를 만드는(AI 구축) 프로젝트 매니저'는 AI 프로젝트 매니저나 AI 디렉터와 같은 직종으로 정착할 수도 있다.

또한 'AI 이용·관리'는 AI 지원 스태프와 사내 AI 관리자 등과 같은 이름으로 불릴 수도 있다. 문과형 AI 인재의 업무도 세분화되어 그 안에서도 분업이 진행될 것이다. 이것은 IT가 전반적으로 보급되던 시기와 비슷하다. 초기에는 적은 직종에서 많은 일을 복합적으로 처리하지만, 시간이 지나면 직종이 세분되고 각각이 전문직이 될 것이다. 이런 현상이 문과형 AI 인재의 업무 중에서도 일어날 것이다.

문과형 AI 인재가
되기 위한 4단계

AI와 함께 일하는 능력이 필요하다

지금까지 AI 인재의 업무 내용을 소개했다. 다시 한번 말하지만 문과형 AI 인재의 업무는 AI 관련 업무에서 이과형 AI 인재가 하지 않는 모든 업무이다. 소개한 것처럼 문과형 AI 인재의 업무 범위는 AI 기획, AI를 만드는(AI 구축) 프로젝트 매니저, GUI 기반 AI 구축 환경에서 만들기, 이미 만들어진 AI 서비스 선정, AI 현장 도입, AI 이용·관리, AI 방침·투자 판단처럼 매우 넓다.

이런 넓은 범위의 문과형 AI 인재 업무 영역에서 공통적으로 필요한 능력이 있다. 그것은 바로 'AI와 함께 일하는 능력'이다.

'AI와 함께 일하는 스타일'은 여러 패턴이 있다고 소개했다. 하지만 AI가 대중화될수록 사람 업무를 AI로 대체하거나, AI를 활용하여 사람의 능력을 확장해서 사람과 AI가 함께 일하는 상황이 정말 많아질 것이다. 이런 이유로 AI와 일하는 능력은 사람과 AI가 함께 일하는 것을 전제로 하는 환경에서 매우 중요한 능력이라 할 수 있다.

그렇다면 AI와 일하는 능력을 익히려면 어떻게 해야 할까? 여러 방법이 있겠지만, 먼저 AI에 관한 기본 지식을 알고, AI 만드는 방법을 알고, AI를 어떻게 활용할지 기획하는 능력을 연마하고, AI 사례를 철저하게 알아야 한다. 이런 내용을 4단계로 구체적으로 소개하겠다.

기본 지식, 만드는 법, 기획력, 사례를 습득한다

〈도표 2-12〉의 4단계를 밟으면 'AI와 일하는 능력'을 익힐 수 있고, '문과형 AI 인재'가 될 수 있다. 필자는 이러한 4단계를 문과형 AI 인재가 되기 위한 4단계 구조라고 하기도 하지만, 문과형 인재가 아무

〈도표 2-12〉 AI와 일하는 능력을 익히는 4단계

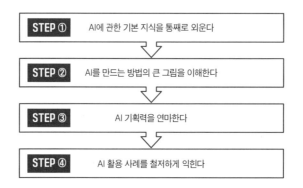

STEP ① AI에 관한 기본 지식을 통째로 외운다

STEP ② AI를 만드는 방법의 큰 그림을 이해한다

STEP ③ AI 기획력을 연마한다

STEP ④ AI 활용 사례를 철저하게 익힌다

것도 없는 상태에서 AI를 배우는 최적의 순서, 최적의 내용이라고 생각한다.

〈도표 2-12〉의 4단계는 다음 장부터 차례로 해설하겠다. 다음 장부터 문과형 AI 인재로 가는 길을 준비해보자. 또한 문과형 AI 인재에게 필요한 AI 지식을 더 넓고 깊게 익혀, 문과형 AI 인재 중에서도 대응할 수 있는 범위를 넓히거나 한 가지 영역에 특화해가는 것도 가능하다.

제3장

STEP ①

AI에 관한 기본 지식을 통째로 외우자

HOW
AI & THE HUMANITIES
WORK TOGETHER

AI, 머신러닝, 딥러닝의 차이

AI · 머신러닝 · 딥러닝, 3대 분류부터 외우자

문과형 AI 인재가 되는 데 필요한 기초지식을 암기해보자. 약간 어렵게 느껴지는 용어가 나올 수도 있지만, 그냥 통째로 외워서 습득하길 권한다.

AI의 기본은 AI 분류, AI 기초용어, AI의 동작 원리, 이렇게 3가지이다.

AI의 기본 3가지를 이해하면 잘 습득할 수 있다.

먼저, AI 분류부터 알아보자. AI 분류라고 표현했지만, 사실 AI는 여러 각도에서 분류할 수 있다. 첫 번째는 'AI, 머신러닝, 딥러닝이라는 3대 분류', 두 번째는 '학습방식 3가지', 세 번째는 '활용 타입별 AI의 8가지 분류'이다(《도표 3-1》).

AI, 머신러닝, 딥러닝의 차이는 이러하다

AI, 머신러닝, 딥러닝이라는 3대 분류부터 기억하자. AI, 머신러닝, 딥러닝이라는 표현은 TV와 뉴스, 잡지 등에서 많이 접할 수 있다. 그렇지만 이 단어들의 차이를 정확하게 이해하고 사용하는 사람은 아직은 적다고 생각한다.

약간 뜬금없지만, 여기에서는 '무사'와 '도쿠가와의 무장'과 '도쿠가와 이에야스' 사이의 관계를 예로 들어 AI의 분류를 생각해보자.

'무사'는 가장 넓은 의미의 단어이며, 그 안에 '도쿠가와의 무장'을 포함한다. 그리고 도쿠가와의 무장 중 한 사람으로 '도쿠가와 이에야스'가 있다. 다만 '도쿠가와 이에야스'가 특별한 존재라서 도쿠가와 집안이 주목을 받고, 무사 세계도 발전한 것이다.

이것을 AI, 머신러닝, 딥러닝으로 대치하면 〈도표 3-2〉와 같다.

'AI'는 가장 넓은 의미이며, 그 안에 '머신러닝'을 포함한다. 그리고 머신러닝의 하나로 '딥러닝'이 있다. 다만 '딥러닝'이 특별한 존재

〈도표 3-2〉 AI, 머신러닝, 딥러닝의 차이를 알자 ①

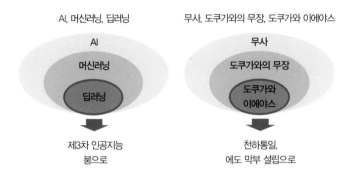

AI, 머신러닝, 딥러닝

AI
머신러닝
딥러닝

↓

제3차 인공지능
붐으로

무사, 도쿠가와의 무장, 도쿠가와 이에야스

무사
도쿠가와의 무장
도쿠가와
이에야스

↓

천하통일.
에도 막부 설립으로

〈도표 3-3〉 AI, 머신러닝, 딥러닝의 차이를 알자 ②

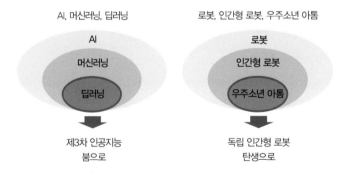

AI, 머신러닝, 딥러닝

AI
머신러닝
딥러닝

↓

제3차 인공지능
붐으로

로봇, 인간형 로봇, 우주소년 아톰

로봇
인간형 로봇
우주소년 아톰

↓

독립 인간형 로봇
탄생으로

라서 머신러닝이 주목을 받고, AI 세계가 최근에 급격하게 발달한 것이다.

어떤 이미지인지 그려지는가?

로봇의 세계라면 이렇게 예를 들 수도 있다. '로봇'은 가장 넓은 의미이며, 그 안에 '인간형 로봇'을 포함한다. 그리고 인간형 로봇의 하나로 '우주소년 아톰'이 있다. 다만, '우주소년 아톰'이 특별한 존재라서 인간형 로봇이 주목을 받고, 로봇 세계도 급격하게 발달한 것이다(《도표 3-3》).

이런 내용을 이미지로 떠올리며 AI, 머신러닝, 딥러닝이 어떤 것인지를 살펴보자(《도표 3-4》).

- AI란 인간과 같은 지능을 실현하려는 기술
- 머신러닝이란 AI의 한 종류로, 학습을 통해 특정 업무를 실행할 수 있는 AI. 학습할 때는 주로 사람이 특징(주목할 곳)을 정의
- 딥러닝이란 머신러닝의 한 종류로, 인간 뇌의 신경세포(뉴런)를 흉내 낸 학습법에서 발전. 주로 기계가 특징(주목할 곳)을 자동으로 정의

이러한 정의들은 전부 통째로 외워야 하는 중요한 부분이므로 잘 기억해두자. 또한 여기서 나오는 '특징'이란 '주목할 곳'과 같은 의미이다. 예를 들어서 이미지 인식에서 '붉은 도깨비'인지 '파란 도깨비'인지를 식별하는 과제가 있다고 하자. 예전의 머신러닝이라면 '붉

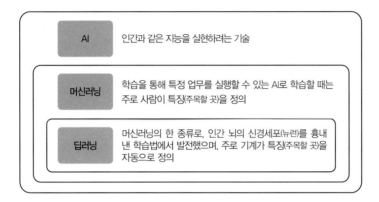

은 도깨비'인지 '파란 도깨비'인지를 구별하기 위해 '색'을 주목할 곳으로 설정하지 않으면, 사람이 가르쳐줘야만 정확도를 높일 수 있었다. 하지만 딥러닝의 경우 '붉은 도깨비'와 '파란 도깨비'의 사진 여러 장을 넘겨주면 과제의 '주목할 부분'이 '색'이라는 것을 스스로 이해할 수 있다.

참고로 딥러닝 이외의 현대적인 머신러닝 방식으로도, 특히 예측하는 타입에서는 '특징'을 스스로 발견하는 것이 있다는 것을 덧붙여두겠다.

AI의 역사도 파악해두자

AI라는 단어는 1950년대에 등장한 아주 오래된 단어이다. AI의 개념이 만들어졌을 당시에는 컴퓨터가 게임이나 퍼즐을 풀거나, 미로의 경로를 해결하는 정도를 할 수 있었다. 이것이 오늘날 말하는 제1차 AI 붐이었다.

1980년대에 들어서자 전문가의 지식을 AI에게 가르치는 전문가 시스템[6] 만들기를 목표로 했다. 이것이 제2차 AI 붐이라 부르는 시기이다. 하지만 예외적인 처리 등에는 제대로 대처하지 못해 좀처럼 실용화까지는 발전하지 못해서 AI에 관한 주목이 그다지 높아지지는 않았다. 이 시기 이후로 얼마 동안 AI는 겨울과 같은 시대에 있었다고 한다.

제2차 AI 붐 시절에 고생한 이유 중 하나는 AI에 예외를 포함한 여러 정보를 사람이 입력해야 했기 때문이다. 이것을 해결한 것이 AI 스스로 학습한다는 발상에서 만들어진 머신러닝이다. 사람이 예외를 포함한 모든 것을 입력하지 않아도 일정한 데이터를 통해 기계가 학습해서 정확도를 높이는 것이다.

2000년대에 들어서 기계의 처리속도가 높아지며 실용화가 진행되었다. 그러나 당시에 만들어진 머신러닝은 일단 사람이 특징을 정의한 학습 데이터를 가지고 배워가는 타입이어서, 많은 과정에서 사람의 도움이 필요했다.

2000년대의 제3차 AI 붐에 불을 붙인 것이 머신러닝의 한 종류

---

6 어떤 분야의 전문가가 가진 지식을 데이터로 만들어 전문가처럼 추론과 판단을 할 수 있게 만든 것이다.

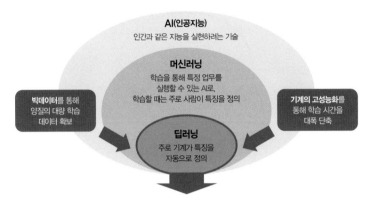

AI 성능이 비약적으로 향상됐으며, 제3차 AI 붐이 사회현상으로 나타났다

인 딥러닝이다.

딥러닝은 특히 AI에 사물의 형성을 인식하게 만드는 예를 보면 이해하기 쉽다. 예전의 머신러닝은 사람에 의한 특징 정의가 필요했다. 반면에 딥러닝은 사람이 특징을 정의하는 것과 같은 도움을 주지 않더라도, 기계가 스스로 특징을 정의하거나 높은 정확도로 학습을 진행해갈 수 있게 되었다.

딥러닝을 움직이려면 많은 데이터를 오랜 시간 다루는 것이 필요한데, 2000년대 초반에는 실용적이라는 평가를 좀처럼 받지 못했다. 그러다가 2016년 이후에는 빅데이터가 널리 퍼지고 기계의 처리속도가 빨라져서 성능이 높아짐에 따라 딥러닝이 급속하게 발달했다.

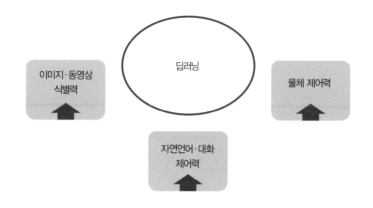

대량의 학습 데이터를 확보할 수 있고, 학습하는 시간도 단축할 수 있는 딥러닝의 실전 활용도가 높아지면서 제3차 AI 붐은 더욱 달아올랐고, 커다란 사회현상까지 된 것이다(〈도표 3-5〉).

딥러닝은 크게 3가지 점에서 AI의 능력을 높여 사회에서 AI의 실용 범위를 넓혔다. 첫째로 이미지·동영상 식별, 둘째로 자연언어·대화 제어력, 셋째로 물체 제어력이다(〈도표 3-6〉).

이미지·동영상 식별, 자연언어·대화 제어력, 물체 제어력은 예전부터 있던 머신러닝 방식으로는 해결하기 어려웠던 분야지만, 딥러닝이 길을 열어주었다. 이러한 3가지 능력으로 눈, 귀와 입, 신체를 대신하여 AI가 일부 역할을 담당할 가능성이 커졌다.

· 이미지·동영상 식별력은 눈의 역할

- 사연언어 · 대화 제어력은 귀와 입의 역할

- 물체 제어력은 신체의 역할

    현재의 AI는 머신러닝이 중심이며, 특히 그중에서도 딥러닝은 AI의 가능성을 넓힌 샛별이라 할 수 있다.

3가지 학습방식_ 지도 학습, 비지도 학습, 강화 학습

딥러닝을 포함하는 머신러닝은 '학습'을 통해 특정한 업무를 실행하는 AI라고 앞에서 설명했다. 이 학습을 시키는 방식에 따라 AI를 3가지로 분류할 수 있는데, 다음에 나오는 〈도표 3-7〉과 같다. 이것은 꼭 외우도록 하자.

① 지도 학습

② 비지도 학습

③ 강화 학습

지도 학습은 답이 있는 학습

지도 학습은 정답/오답과 같은 답이 있는 데이터로 학습한다. 지도 학습은 '답이 있는' 학습이라고 기억하자.

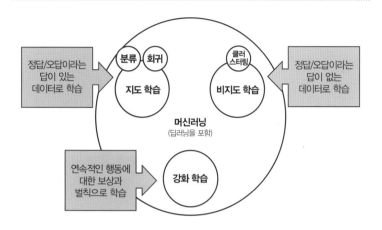

• 출처: https://www.techleer.com/articles/203-machine-learning-algorithm-backbone-of-emerging-technologies/ 를 바탕으로 작성

지도 학습(답이 있는 학습)으로는 어떤 것을 학습시킬 수 있는지 구체적으로 알아보자. 예를 들면 자동차 사진을 사용해서 딥러닝에 학습시켜보자.

· 토요타 자동차 사진

· 포드 자동차 사진

· 아우디 자동차 사진

먼저 세 회사의 자동차 사진을 잔뜩 수집한다. 토요타 자동차 사

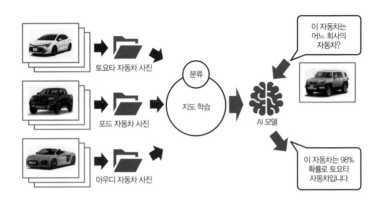

진은 첫 번째 폴더, 포드 자동차 사진은 두 번째 폴더, 아우디 자동차 사진은 세 번째 폴더에 정리해서 넣어주고, 각 사진이 어느 회사의 자동차인지 답을 알 수 있게 한다.

이렇게 답을 알 수 있게 미리 정리해준 데이터로 학습시키는 것이 지도 학습이다(〈도표 3-8〉). 이 학습법으로 만든 AI 모델[7](학습을 통해 법칙화한 것을 이렇게 부른다)은 모르는 사진을 읽고 어느 회사의 자동차인지를 맞출 수 있다.

이번 예에 등장하는 것은 토요타 자동차인지 포드 자동차인지 아니면 아우디 자동차인지 그 외의 자동차인지를 맞출 수 있는 AI이다.

지도 학습에는 분류와 회귀라는 2가지 타입이 있다. 〈도표 3-8

---

7 AI를 이용해서 현상 일부를 간략하게 표현한 것으로, 현상 구조를 수리 모델로 표현한다.

의 예처럼 몇 가지 답(선택지)에 대해 어디에 해당하는지 맞히는 것이 '분류' 타입이다. 예를 들면 다음과 같은 것이 분류이다.

- 차 이미지를 인식하고 해당하는 30종류의 자동차 제조사를 맞힌다
- 사람 사진을 보고 나이가 대충 어느 정도인지를 맞힌다
- 전자상거래 사이트에서 방문자가 구매할지/구매하지 않을지 맞힌다

'회귀'는 선택지 중에서 해당하는 것을 맞히는 것이 아니라, 수치를 맞히는 타입이다. 예를 들면 다음과 같은 것이 회귀에 해당한다.

- 차 이미지를 인식하고 주행거리를 맞힌다
- 사람 사진을 보고 정확한 나이를 맞힌다
- 전자상거래 사이트의 다음 달 매출이 얼마일지 맞힌다

비지도 학습은 답이 없는 학습

지도 학습은 답이 있는 학습으로 기억하자고 했는데, 반대로 비지도 학습은 '답이 없는' 학습이라고 기억하자. 비지도 학습은 정답/오답 등과 같은 답이 없는 데이터로 학습시키는 것이다.

예를 들면 여러 자동차 사진을 분류하지 않고 잔뜩 준비한다. 어떤 분류도 하지 않아서 답이 없는 데이터를 머신러닝에 건네줘서 학습시킨다. 그 결과 만들어진 AI 모델에 '3가지로 나눈다면 어떤 집합

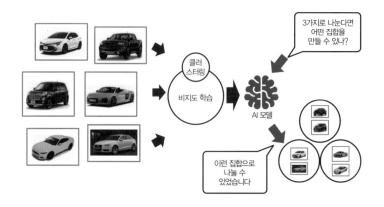

을 만들 수 있나?'라는 질문을 던지면, '이런 집합으로 나눌 수 있었습니다'라는 출력을 얻을 수 있다(〈도표 3-9〉).

예를 들어 자동차 색상에 특징이 있는 3가지 집합이나 SUV와 경차 등 형태에 특징이 있는 3가지 집합을 만들 수 있다. 만든 집합에 어떤 의미가 있는지는 AI가 알려주지 않고, 어디까지나 기계가 스스로 해석한 집합을 만든 것이다. 이렇게 AI가 스스로 해석하여 집합을 만드는 것을 '클러스터링'이라 한다.

비지도 학습은 어떤 관점에서 집합을 나눴는지 언어로 표현하지 않으므로, 사람이 해석하기 어려울 때도 있다. 머신러닝을 사용하기 시작하려면, 가능한 한 답의 데이터를 준비할 수 있는 상태에서 지도 학습부터 시작하는 것을 권한다.

강화 학습은 좋은 선택을 반복하게 만들기 위한 학습

강화 학습은 지도 학습과 비슷하게 답이 있는 데이터로 학습하지만, 지도 학습과는 다른 접근법으로 학습한다. 지도 학습은 단일하고 단순하게 판단할 수 있는 답을 대상으로 학습하지만, 강화 학습은 좋은 선택을 반복하게 만들기 위한 학습이다. 바꿔 말하면 여러 선택을 조합하여 결과를 내는 종합적인 답(결과로서 가져야 할 상태)으로 이끄는 학습이라 할 수 있다(《도표 3-10》).

강화 학습에서는 결과로서 가져야 할 상태를 목표로, 가장 적합한 선택을 몇 번이고 반복한다. 그렇게 보상과 벌칙을 주면서 학습하여 최종적으로 가장 좋은 상태를 만들려고 한다.

〈도표 3-10〉 지도 학습과 강화 학습의 차이

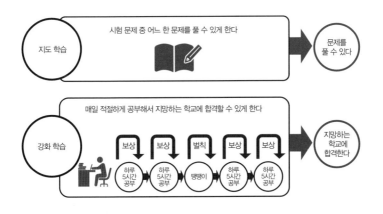

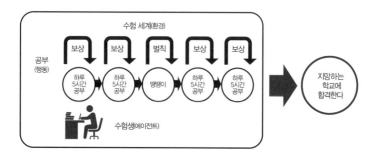

- 에이전트는 행동을 선택하여 환경으로부터 보상을 받는다.
- 강화 학습은 일련의 행동을 통해 보상을 가장 많이 받는 방법을 학습한다.

예를 들어 '시험 문제 중 어느 한 문제를 풀 수 있게 하는' 것이 지도 학습이고, '매일 공부를 적절하게 해서 지망하는 학교에 합격할 수 있게 하는' 것이 강화 학습이라고 하면 이해하기 쉬울 것이다.

강화 학습에는 '에이전트'와 '행동'과 '환경'이라는 사고방식이 있다.

'에이전트는 행동을 선택해서 환경으로부터 보상을 받는다.'

이렇게 말하면 약간 딱딱한 설명이지만, 지망하는 학교에 합격한다는 것을 바람직한 상태를 해서 목표로 하는 예를 가지고 설명하면 다음과 같이 말할 수 있다(〈도표 3-11〉).

'수험생(에이전트)은 공부를 적절하게 하는(행동을 선택) 것으로 수험 세계(환경)로부터 합격에 다가간다는 보상을 받는다.'

수험 세계(환경)로부터 플러스인 보상을 받는다, 즉 실력을 기르는 것으로 지망하는 학교에 합격하게끔 한다. 이렇게 결과로서 바람직한 모습에 다가갈 가능성을 최대한으로 하는 것이 강화 학습이다. 또한 행동으로 적절한 선택을 하지 않으면, 보상 대신 벌칙을 받고 그 결과로 바람직한 상태에서 멀어진다.

강화 학습의 접근법을 취하는 것에는 다음과 같은 것이 있다.

- 자동운전

- 로봇 제어

- 바둑과 장기 AI

AI 활용 타입에 따른 8가지 분류

기능별: 식별형, 예측형, 대화형, 실행형

첫 번째 'AI, 머신러닝, 딥러닝이라는 3대 분류', 두 번째 '학습방식에 따른 3가지 분류'를 배워서 AI 분류에 관한 이해력을 높였다. 이제 세 번째 분류인 'AI 활용 타입별 8가지 분류'에 관해 배워보자.

AI는 기능별로 4가지 타입, 역할별로 2가지 타입으로 나눌 수 있다. 즉, 기능별 4가지 타입×역할별 2가지 타입 = 활용 타입별 AI 8가지 분류가 된다. 먼저 AI를 기능별 4가지 타입으로 나눈다. 사람 뇌 기능에 맞춰 다음과 같이 정리할 수 있다.

①식별형 AI: 보고 인식한다　②예측형 AI: 생각해서 예측한다

③대화형 AI: 대화한다　④실행형 AI: 신체(물체)를 움직인다

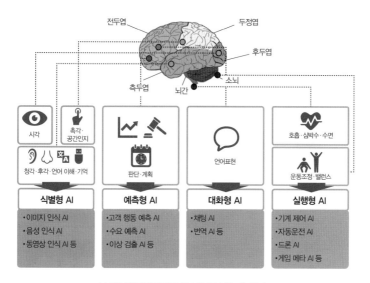

뇌 기능과 마찬가지로 AI 기능도 나눌 수 있다

사람 뇌에는 여러 부위가 있다. 두정엽, 측두엽, 전두엽, 후두엽, 소뇌, 뇌간 등으로 이루어져 있어서 사람의 여러 기능을 제어한다. 각 기능을 큰 그룹으로 묶어보면, 보고 인식한다, 생각해서 예측한다, 대화한다, 신체(물체)를 움직인다라고 하는 4가지로 만들 수 있다. 뇌의 각 기능을 흉내 내서 AI가 발전한 것처럼, AI 분류도 사람 뇌와 마찬가지로 4가지로 분류할 수 있다(〈도표 3-12〉).

역할별: 대행형, 확장형

AI와 사람의 분업 스타일에 따라 크게 2가지 타입으로도 나눌 수 있다. 사람의 대행형과 확장형이 바로 그것이다(〈도표 3-13〉).

① 대행형: 인간이 할 수 있는 것을 AI가 대신하여 수행한다

② 확장형: 인간이 할 수 없는 것을 AI를 활용하여 가능하게 한다

기능별로 나뉜 식별형 AI, 예측형 AI, 대화형 AI, 실행형 AI 4가지 유형을 가로로 나열하고, 역할별로 나뉜 대행형과 확장형 2가지 유형을 세로로 나열해 4×2 = 8의 매트릭스로 표시한 것이 〈도표 3-14〉이다. 이렇게 AI는 활용 타입별로 4×2=8로 분류할 수 있다. 참고로 앞에서 설명한 사람과 AI의 분업 형태에 맞춰보면 다음과 같다.

① 대행형

· AI가 사람의 일을 보조하는 T자형

· 사람이 AI의 일을 보조하는 역T자형

· AI가 사람의 일을 완전하게 대신하는 I자형

② 확장형

· AI가 사람의 일을 확장하는 O자형

〈도표 3-13〉 역할별 AI 타입 2가지

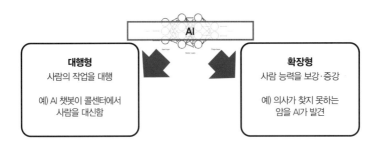

대행형
사람의 작업을 대행

예) AI 챗봇이 콜센터에서
사람을 대신함

확장형
사람 능력을 보강·증강

예) 의사가 찾지 못하는
암을 AI가 발견

사람과의 관계 방식마다 2가지 형태가 있다

〈도표 3-14〉 활용별 AI 8가지

	👁 식별형 AI	📈 예측형 AI	💬 대화형 AI	🙋 실행형 AI
대행형	대량 정보로부터 자동인식 · 24시간 체제로 NG 이미지/단어 검열 · 불량품 걸러내기 등	대량 로그로부터 이상치 검출 · 이상치 검출	대화 커뮤니케이션을 24시간 대행 · 챗봇 · AI 음성	인간 업무 전반을 대행 · 자동운전 · 공장 작업 대행 · 데이터 입력 작업 대행
확장형	사람이 발견하지 못하는 상황 발견 · 의료 이미지로 진단 · 동영상으로부터 추출 등	빅데이터로부터 정확한 예측 · 고객 행동 예측 · 수요 예측 등	전문적인 대화와 여러 언어 대응 · 전문가 대체 · 대화로 감정 분석 · 여러 언어로 대화	자립형 기기 동작 제어 · 드론 AI 제어 · 자립형 기계 제어

식별형 AI는
이렇게 사용한다

식별형×대행형 AI 활용 사례

식별형 AI는 주로 보고 인식하는 타입의 AI다. 식별형과 인간 대신 작업하는 대행형을 조합한 '식별형×대행형 AI'는 지금까지 인간이 하던 여러 단순 작업을 담당한다. 예를 들면 다음과 같은 작업이 해당한다.

- 24시간 체제로 실시하는 NG이미지 검열
- 불량품 걸러내는 작업
- 테마파크에서 얼굴 인증으로 입장
- 계산대 없는 점포에서 상품 취득 인지
- 송전선 사진을 보고 상태 검출

앞의 사례는 이제까지는 사람 눈으로 인식하고 사람 손으로 작업한 것이다. 특히 NG 이미지, 불량품과 같은 비정상적인 내용을 발견하는 작업에 수많은 인력을 투입하는 현장이 많았지만, 식별형×대행형 AI가 전부 대신하거나 주요 업무를 맡고 있다. 많은 작업을 AI로 끝내고 그 후에 사람이 최종적으로 확인하는 것과 같은 작업 분담 스타일도 늘어갈 것이다.

비정상적인 내용을 발견하는 작업 외에도 계산대 대행, 특정 상품을 손에 든 동작 검출, 테마파크 입장 작업 등을 AI가 담당하고, 사람 없이 쇼핑과 입장 처리를 할 수 있는 사례도 증가했다.

AI를 활용한 계산대 없는 점포의 예로 아마존이 운영하는 아마존 고(amazon go)가 유명하다. 이곳에는 잘 학습된 식별형 AI가 여러 사람의 팔이 교차하며 다른 물건을 잡아도 정확하게 내용물을 검출할 수 있다.

송전선과 같은 설비의 이미지에서 이상이나 열화 상태를 찾는 것은 인간도 할 수 있지만, 양이 많거나 오차를 줄이려면 어려웠다. 이런 작업을 식별형×대행형 AI가 대신할 수 있다.

식별형×확장형 AI 활용 사례

'식별형×확장형 AI'는 주로 눈의 기능을 사용해 다음과 같이 사람이 할 수 없는 작업을 수행한다.

- 의료 현장에서 검사 정확도 향상

- 대량의 동영상에서 정보 자동 추출

식별형×확장형 AI는 의료 현장에서 많이 활용한다. 예를 들면 암 조기발견 AI는 의사보다 정확하게 암을 검출할 수 있는 것으로 유명하다. 내시경을 사용하는 검사에서 AI를 사용하면 대장암을 더 확실하게 발견할 수 있고, 검사 이미지에서 위암과 피부암을 매우 정확하게 발견할 수 있다. 이런 AI를 사용하면 암을 놓치는 것을 방지할 수 있고, 검출 의사 부족을 보완할 수도 있다.

또한 '대량의 동영상으로부터 정보 자동 추출'의 구체적인 사례로 프로스포츠 동작에서 특정한 선수와 주요 장면을 빠짐없이 인식해서 동영상 데이터베이스를 만드는 예가 있다. 유명하지 않은 선수도 포함해서 전 구단의 선수 정보를 항상 파악하고, 동영상마다 검출·매칭하거나 동영상에 나오는 모든 선수의 플레이 상태를 검출해서 판단하는 것은 인간이 할 수 있는 범위를 넘어선다. 어쩌면 이런 작업을 할 수 있는 초인적인 사람이 있을지도 모르겠지만, 일반적인 사람은 정확하게 처리할 수 없는 작업이라 할 수 있다.

이처럼 높은 전문성이 필요한 의료 현장에서 정확도 향상을 목적으로 하는 활용과 대량 정보 검출과 매칭처럼, 일반인이 처리할 수 없는 작업을 식별형×확장형 AI가 수행한다.

예측형 AI는
이렇게 사용한다

예측형×대행형 AI 활용 사례

예측형 AI는 생각해서 예측하는 AI다. '예측형×대행형 AI'는 데이터로부터 사람이 앞일을 예측하고 판단하던 작업을 AI가 대행한다. 구체적으로는 다음과 같은 사례가 있다.

- 대출 심사(대출 후의 거래 상황 예측)

- 네트워크 감시

- 발전소 데이터로 이상 감지

예측형×대행형 AI는 많은 업계에서 사용하는데, 예를 들면 대출 심사를 사람 대신 수행하는 사례를 보면 이해하기 쉬울 것이다. 주택담보 대출, 금융 대출, 기업 대출 등 사람과 기업의 거래 상황과 그 밖의 정보를 통해 담당 직원이 대출 판단을 했지만, 이제는 AI가 작업을 대신한다. 대출 계약 후에 대출인이 제대로 갚을 확률이 어느 정도인지, 대출 후에 기업이 연체하지 않을까 등을 지금까지는 사람이 데이터를 파악해 과거 경험 등을 통해 판단했다. 하지만 인원과 시간이 많이 필요하다는 점이 과제였다. 이것을 AI로 자동 심사할 수 있다.

휴대전화 통신사의 통신 네트워크 상황을 자동으로 감시하는 사례도 있다. 휴대전화 통신은 1시간 넘게 통신 품질이 저하되거나 멈추면, 국가가 중대 사고로 인정한다. 그래서 심야를 포함해 24시간, 항상 빈틈없는 감시가 필요하다. 이런 일은 사람이 담당해왔다. 휴대전화망은 양이 많아서 수만 개나 되는 서버를 대상으로 감시해야 하지만, 이 작업을 AI가 균일하게 상태를 감지할 수 있게 되어 사람이 고생하던 일을 대신해준다.

그리고 발전소에서 전력을 공급할 때, 데이터 변화를 통해 이상 상태를 발견하는 작업을 AI가 24시간 체제로 수행하는 사례도 있다.

예측형×확장형 AI 활용 사례

'예측형×확장형 AI'를 활용하면 사람이 예측할 수 없는 복잡한 일을 높은 정확도로 예측할 수 있다. 예측형×대행형 AI에서 소개한 사례는 사람이 시간을 들이면 어느 정도의 정확도로 예측할 수 있는 것들이었다. 반면에 '예측형×확장형 AI'는 사람이 정확하게 예측할 수 없는 사건과 대상에 관해 높은 정확도로 예측할 수 있다. 구체적으로는 다음과 같은 이용 사례가 있다.

- 고객 행동 예측
- 수요 예측
- 가장 적합한 판매 가격 설정
- 콜센터 통화량 예측
- 이직자 예측

고객 행동은 언제나 복잡하다. 고객은 다양한 가치관을 가지고 천차만별인 상황에 있으며, 눈에 보이는 행동도 다양하다. 예컨대 '전자상거래 사이트에 방문한 고객이 언제 무엇을 살지 예측하라'고 해도 고객 경향이 너무 다양해 이제는 사람이 정확하게 예측하는 것이 몹시 어려워졌다.

반면에 AI는 다양하고 복잡한 입력으로부터 적확하게 예측하는 작업을 잘한다. 특히 웹사이트와 스마트폰 앱은 고객 행동을 세세한 데이터로 기록한다. 예를 들어 전자상거래 사이트에 이제까지 방문한 사람의 행동 경향을 AI에 학습시켜 1개월 후에 살 고객을 예측하거나, 어떤 상품을 살지 예측하는 것을 상당히 높은 정확도로 수행할 수 있다.

그리고 언제 어느 정도로 고객이 올까? 언제 무엇이 얼마나 팔릴까? 이런 수요 예측 주제에서도 AI는 상당히 실력을 발휘한다. 과거 실적 데이터와 날씨 데이터, 공휴일 데이터와 관련 이벤트 데이터로부터 일 단위, 주간 단위, 때로는 월간 단위로 방문자 수와 판매 숫자 예측을 사람이 하는 것보다 높은 정확도를 보인다. 슈퍼마켓과 복합 시설의 방문자 예측과 특정 상품 판매 숫자 예측을 AI가 수행하면, 직원 배치를 적절하게 하거나 캠페인 기획을 새로 만들거나 상품 매입 숫자를 최적화할 수 있다.

'어느 정도의 사람이 무엇을 살까'를 예측할 수 있게 되면, 최적 가격을 설정할 수 있다. 다이내믹 프라이싱, 즉 가변적 가격 책정이다. 각 상품을 어느 시기에 남김없이 팔고 이익을 최대화할 수 있게 해주는 가격을 AI가 끌어낸다. 거기에 '누가 얼마에 살지'까지 알면 고객별로 가격설정도 가능해진다.

수요 예측에 가까운 예로 콜센터의 호출량, 즉 걸려오는 전화량·문의량 예측이 있다. 콜센터의 호출량을 높은 정확도로 예측할 수 있으면, 날마다 필요한 직원 수를 최적화해서 인건비를 줄일 수 있고, 직원의 휴무 계획을 세우기도 쉬워진다.

이직자를 예측하는 사례도 있다. 이직률이 높은 업종에서 가능하면 사전에 이직 징조를 파악해 관리하여 정착률을 높이는 시도가 있다. 이직자를 예측하는 데 필요한 경향 데이터는 직종에 따라 다르지만, 출근·지각 상황 변화와 대화 내용에서 단어 경향, 면담 시의 호응 정도 등을 활용할 수 있다.

대화형 AI는
이렇게 사용한다

대화형×대행형 AI 활용 사례

대화형 AI는 대화하는 AI다. '대화형×대행형 AI'는 이제까지 인간이 대화를 통해 수행한 업무를 하는 타입이다. 예를 들면 다음과 같은 사례가 있다.

- 시설 내에서 대화로 안내
- 음성으로 주문 대응
- 챗봇과 음성으로 콜센터 대응
- 사내 내선전화 연결
- 대화 음성을 텍스트로 입력하고 요약

역과 가게 등의 시설에서 안내 업무는 지금까지 사람이 맡았지만, 이제 AI가 대신하는 사례가 늘었다. 소프트뱅크의 AI 페퍼와 JR 동일본 AI인 사쿠라가 실제 사례이다. 안내 업무부터 활용했지만, 앞으로는 음성을 사용해 주문에 대응하는 업무까지 맡는 사례도 늘어날 것이다.

기업 내의 콜센터에서 지금까지 직원이 맡았던 전화나 이메일 대응 업무를 AI 챗봇이나 AI 제어 음성 대응이 대신하는 사례도 늘고 있다. 콜센터 내의 대화형 AI로 모든 대화에 대응할 수는 없지만, 1차 대응과 복잡하지 않은 대응은 사람을 대신할 수 있다. 콜센터와 안내 업무를 수행하며 과거의 모든 대화 데이터에서 적절한 답변 내용을 추출하는 것도 AI가 잘하는 업무이다.

먼저 고객의 음성 문의에서 질문 내용을 인식해서 데이터로 만든다. 그다음에 그 질문 데이터에 포함된 문장이나 키워드에 가까운 과거 질문을 추출해서 과거 유사 질문에 대해 적절하게 대응한 답변 군을 후보로 고른다. 그리고 답변 후보 목록에서 사람이 최종적으로 선택하거나, 아니면 AI가 판단해서 답변문을 선택하고 읽어 주는 2가지 경우가 있다.

사내에서는 내선전화 연결에도 대화형×대행형 AI를 사용한다. 누구에게 연결하는 전화인지 음성으로 인식해 연락해야 할 상대에게 적절하게 전송한다.

여러 상황에서 만들어지는 대화의 음성 데이터를 자동으로 텍스트로 변환해서 보존하는 일도 AI가 해준다. 일본어 음성의 텍스트 데이터 변환의 정확도는 아직 완벽하다고 할 수 있는 상태는 아니므로, 최종적으로는 사람이 확인하고 바로잡아야 한다. 하지만 완벽하게 정확하지는 않아도 대량의 텍스트화 작업을 AI에게 맡기려는 수요는 많을 것이다. 덧붙이자면 음성을 텍스트화한 데이터로부터 핵심을 파악해서 요약문을 작성하는 AI도 있다.

대화형×확장형 AI 활용 사례

'대화형×확장형 AI'는 사람이 이제까지 수행할 수 없었던 대화 관련 업무를 담당하는 AI다. 이용 사례를 살펴보자.

- 전문가 대체
- 대화로 감정 분석
- 다양한 언어로 대화

의사와 변호사, 세무사처럼 고도의 전문 분야에서 대화형 AI가 대답하는 사례가 있다. 의사 대신에 1차 문진을 하는 AI 문진이 대표적인 사례이다. 전문가만 할 수 있던 대답을 AI가 재현한다.

그리고 음성과 문장으로 유추하는 고객 감정 분석도 대화형 AI를 이용하는 사례 중 하나이다. 감정 파악은 사람이라도 어느 정도 가능하지만, 대량 문자열 데이터에서 감정의 흔들림을 파악하는 것은 AI의 정확도가 높다.

복수의 언어를 사용하는 대화 업무도 AI가 잘하는 분야이다. 영어에서 일본어로, 중국어에서 영어로, 한국어에서 프랑스어로, 독일어에서 태국어로처럼 여러 언어 조합 대부분에서 대화를 번역할 수 있다.

이처럼 대화형×확장형 AI는 대화라는 주제에서 사람이 할 수 없는 일을 가능하게 해주는 AI다.

실행형 AI는
이렇게 사용한다

실행형×대행형 AI 활용 사례

실행형 AI는 신체(물체)를 움직이기 위한 AI다. 실행형 AI는 이제까지 본 식별형 AI, 예측형 AI, 대화형 AI의 각 AI 요소를 조합해서 만드는 AI기도 하다. '실행형×대행형 AI'는 이제까지 사람이 했던 뭔가를 움직이는 행위를 대신한다.

- 자동운전
- 공장 안에서 작업
- 창고 안에서 작업
- 데이터 입력 작업
- 로봇으로 매장 안내

자동차 운전은 지금까지 사람이 했지만, 자동운전 AI의 실용화가 빠르게 진행되고 있다. 이를 통해 자가용을 비롯해 택시와 버스, 운송 트럭의 완전 자동운전이 실현되는 날이 올 수도 있다. 완전한 자동운전이 아니더라도 운전자를 보조해서 더 안전하고 쾌적한 운전을 실현하는 단계부터 AI가 널리 활용될 것이다.

공장에서 사람이 하던 노동도 실행형×대행형 AI가 대신하고 있다. 이제까지 단순한 동작 규칙만으로 움직이던 공장용 로봇에 AI 기술을 탑재하면 가능한 업무의 폭이 크게 넓어진다. 지금까지 공장용 업무 로봇은 주로 프로그래밍으로 규칙을 정의해 제어되는 경우가 많았지만, 강화 학습의 방식을 이용해 동작한 결과에 대한 보상과 벌칙을 줘서 제어 성능을 향상할 수 있다. 더 복잡한 동작도 AI를 탑재한 업무 로봇이 유연하게 습득할 수 있다.

창고 내에서 선별이나 운반 작업을 할 때도 이제까지 많은 업무를 사람이 했지만, 아마존과 중국의 IT 선진 기업에서는 AI를 이용해 창고 내 작업을 처리한다. AI를 탑재한 소형 운반 로봇이 사람과 공동으로 작업해서 운반 효율을 높여, 이제까지 필요했던 사람 수를 상당히 줄였다.

RPA, 로봇 프로세스 자동화라 불리는 자동화 분야도 진행되고 있다. 컴퓨터에서 하던 비교적 단순한 작업과 데이터 입력 업무를 패턴을 학습한 기계가 사람 대신 하고 있다. 현재 많은 RPA 도구는 규칙을 배우는 유형이지만, 앞으로는 AI에 의한 기계의 자기 판단 범위도 넓어질 것으로 예상한다. 사람이 일정한 조건에 따라 판단해 온 내용은 AI도 마찬가지로 판단할 수 있게 될 것이다.

이러한 사례로 일본 소프트뱅크의 페퍼가 유명하지만, 로봇이 매장을 안내하는 사례도 많아지고 있다.

실행형×확장형 AI 활용 사례

'실행형×확장형 AI'는 신체(물체)를 움직이는 영역에서 사람이 할 수 없는 일을 실현하는 AI다.

- AI로 드론의 기능을 확장
- 자립형 기계 제어

실행형×확장형 AI의 대표적인 사례로 드론에 탑재된 AI를 들 수 있다. 드론에 AI를 탑재하면 식별형 AI를 사용해 상황을 감지하여 더 안전한 비행을 할 수 있다. 또한 드론으로 촬영한 이미지와 동영상을 식별형 AI로 인식해서 그 자리에서 판정을 하고, 얻은 정보로부터 예측해서 스스로 최적 행동을 판단할 수 있다.

자립형 기계 제어에도 AI가 빠질 수 없다. 인간형 기계(로봇)가 눈, 입, 예측을 위한 지식, 신체 제어 기능을 갖추려면 많은 AI가 필요하다. 사람이 들 수 없었던 무거운 짐을 옮기거나, 더 빨리 이동할 수 있는 자립형 기계가 앞으로 양산될 것이다.

AI 기초용어는
통째로 외운다

필요한 AI 용어를 등장하는 순서대로 통째로 외우자

문과형 AI 인재가 되려면 필요한 AI 기초용어도 통째로 암기하자. 약간 익숙하지 않은 표현도 있지만, AI 프로젝트에서 자주 등장하는 순서대로 용어를 정리했으니 확실하게 기억하자. 앞에서 설명한 내용이라도 중요한 용어는 다시 한번 설명하겠다.

등장하는 순서대로 정리한 AI 기초용어

학습과 예측 / 지도 학습과 비지도 학습 / 목적 변수와 설명 변수 / 알고리즘 / 과학습 / 애너테이션 / 시계열 모델 / 데이터 전처리 / PoC / 신경망 / 정답률과 재현율·적합률 / AUC

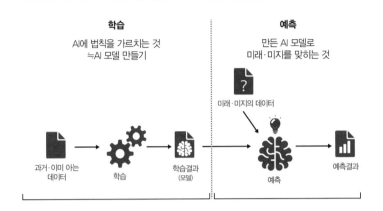

용어 ① 학습과 예측

'학습'과 '예측'이라는 단어는 AI 세계에서 중요한 의미가 있다.

· 학습: AI에 법칙을 가르치는 것

· 예측: 만든 AI 모델로 미래·미지의 것을 맞히는 것

학습은 AI에 데이터를 줘서 법칙성을 발견하게 만드는 것이며, 'AI 모델 만들기'라고도 한다. 예측은 추론으로 바꿔 말할 수도 있다. AI를 만드는 것은 'AI를 학습'시키는 행위이며, AI를 사용하는 것은 'AI에 예측'하게 만드는 행위이다(〈도표 3-15〉).

용어 ② 지도 학습과 비지도 학습

'학습'은 정답 유무에 따라 다음과 같이 분류할 수 있다.

· 지도 학습: '정답이 있는' 과제로 하는 학습

· 비지도 학습: '정답이 없는' 과제로 하는 학습

지도 학습에는 주로 '분류'와 '회귀'가 있다. 분류란 미리 정해진 범주 중 어디에 들어가는가?'를 맞히는 학습이다. 회귀는 '어떤 날의 매출이나 판매 개수 같이 숫자'를 맞히는 학습이다.

비지도 학습은 주로 '클러스터링'이 해당한다. 클러스터링은 AI가 스스로 해석하여 집합을 만드는 것을 의미한다(《도표 3-16》).

용어 ③ 목적 변수와 설명 변수

예측형 AI에서 학습 데이터는 '목적 변수'와 '설명 변수'를 포함한다.

· 목적 변수: 예측하고 싶은 값

· 설명 변수: 예측하기 위한 값

예를 들면 어떤 사람이 물건을 살지 어떨지처럼 예측하고 싶은 값이 목적 변수이고, 이것을 예측하기 위한 값(과거의 쇼핑 이력과 행동 이력 등)이 설명 변수가 된다(《도표 3-17》).

〈도표 3-16〉 지도 학습과 비지도 학습

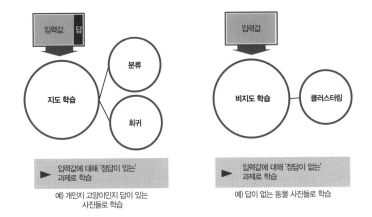

예) 개인지 고양이인지 답이 있는
사진들로 학습

예) 답이 없는 동물 사진들로 학습

〈도표 3-17〉 설명 변수와 목적 변수

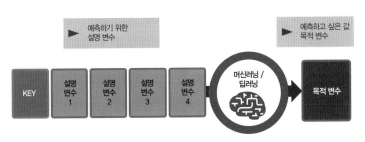

· KEY: 사용자 번호와 날짜 등

> AI가 학습할 때의 방법으로 최적으로
> 학습하기 위한 순서와 방법을 포함한다

머신러닝	딥러닝
머신러닝(지도 학습)	**신경망**
·선형 회귀: 데이터가 분포하는 규칙을 직선이라 가정하고, 그 직선이 어떤 것인지를 학습해서 값을 예측한다.	·CNN: 합성곱신경망. Convolutional Neural Network. 이미지 인식을 잘한다.
·로지스틱 회귀: 선형 회귀는 값을 예측·로지스틱 회귀는 발생확률($0\sim1$의 값)을 예측한다.	·RNN: 순환신경망. Recurrent Neural Network. 음성 파형, 동영상, 문장과 같은 시계열 데이터 처리를 잘한다.
·서포트 벡터 머신: SVM. 여백을 최대화, 즉 판별하는 경계 근처에 있는 데이터 사이의 거리를 크게 만들어서 잘못 판별하는 것을 방지하는 방법. 적은 데이터라도 더 정확하게 분류할 수 있다고 한다.	·LSTM: Long Short-Term Memory. RNN의 결점을 해소하여 장기 시계열 데이터를 학습할 수 있는 모델. 자연 언어 처리를 잘한다.
·결정 트리: 데이터를 여러 단계로 분기해서 나뭇가지 같은 구조로 만드는 방법이다.	·GAN: 생성적 적대 신경망. Generative Adversarial Network. 학습지도용 이미지를 생성하는 모델. 유사 모델로 VAE가 있다.
·랜덤 포레스트: 결정 트리의 집합체로 여러 결정 트리를 무작위로 구축해서 결과를 모은다. 나무가 모여있어서 포레스트라고 한다.	·DQN: Deep Q Network. 강화 학습을 심층 학습으로 수행한 것이다.
	·ResNet: Residual Network. 매우 깊은 네트워크에서 높은 정확도로 학습할 수 있다.
머신러닝(비지도 학습)	
·클러스터링: 비슷한 것들로 집합을 작성하는 학습이다.	

·전부 기억할 필요는 없으며, 잘하거나 잘못한 정도만 알아두면 된다.

용어 ④ 알고리즘

알고리즘은 AI가 학습할 때 사용하는 방법이다. 최적으로 학습하는 순서와 방법을 포함한다. 간단히 말해 '학습 순서와 방법 뭉치'이다.

알고리즘은 어떤 AI를 만드냐에 따라 잘함·잘못함으로 나눌 수 있다. 예를 들어 이미지 식별에서는 합성곱신경망(CNN)을, 동영상과 문장처럼 연속성이 있는 데이터를 식별할 때는 순환신경망(RNN)을 사용하는 것처럼 다루는 주제에 따라 자주 사용하는 알고리즘이 있다.

알고리즘에는 딥러닝 방법도 여러 가지가 있고, 그 밖의 머신러닝 방법도 많이 있다(《도표 3-18》).

용어 ⑤ 과학습

과학습이란 이미 알고 있는 데이터에 지나치게 최적화되어 모르는 데이터로는 전혀 맞출 수 없는 상태를 뜻한다. 데이터가 극단적으로 편향되어 있거나 적을 때, 학습 데이터만으로 최적화된 모델이 만들어져 버린다.

이러한 과학습을 방지하려면 학습 데이터양을 늘려서 치우침을 없애야 한다. 또는 학습할 때의 훈련 데이터와 검증 데이터의 분할 패턴을 여러 가지 시험해서 결과의 평균을 얻는 방법이 있다(《도표 3-19》).

용어 ⑥ 애너테이션

애너테이션을 직역하면 '주석'으로, AI에 학습시키기 위한 답이 달린 데이터를 작성하는 작업을 가리킨다. 이미지와 영상, 텍스트, 음성에 대해 용도에 맞게 정답 데이터를 준비한다.

〈도표 3-19〉 과학습

▶ 이미 아는 데이터에 지나치게 최적화해서
모르는 데이터로는 전혀 맞출 수 없는 상태

연습 문제로
100점

실제 시험에서
20점

문제와 답을 조합해서 통째로 암기해버리는 상태를 피하고,
현상을 잘 추상화해서 포인트를 파악하는 것이 좋음

〈도표 3-20〉 애너테이션

▶ 주석, 즉 데이터에 의미를 붙여서 AI가
학습할 수 있는 정답 데이터를 준비하는 작업

이미지·영상

• 이미지가 고양이인지 개인
지를 선별 분류하거나, 사
진 안에 어떤 물체가 어디
에 있는지 태그를 붙인다

이미지 분류

물체 검출

텍스트

• 문서 안의 문장이나 단락을
주제별로 태그 붙이거나,
문장 그 자체의 카테고리를
정의한다

• 단어의 의미와 속하는 카테
고리를 정의하거나, 단어끼
리의 관련성을 정의한다

• 대화문의 의도를 기억하게
하는 작업도 있다

음성

• 같은 인물의 목소리인지 어
떤지를 학습할 수 있게 정
답 데이터를 준비한다

• 음성을 텍스트로 만들 때
올바르게 변환했는지를 확
인한다

이미지를 예로 들면, '무엇이 있는가'나 여러 종류를 포함할 때는 '어디에 무엇이 있는가'의 데이터를 준비한다. 영상은 장면마다 이 작업을 수행한다. 텍스트는 문장 전체, 단락, 구, 단어에 대해 각각 어떤 내용인지 태그를 붙인다. 음성이라면 그 음성이 특정한 동일 인물의 음성인지, 아니면 특정한 소리인지를 기록한다(《도표 3-20》).

용어 ⑦ 시계열 모델

시계열 모델은 AI 모델 중에서도 '시간의 흐름'이라는 개념을 가지고 학습해서, 미래를 예측하는 모델'이다.

과거에 연속해서 일어난 실적이나 그 밖의 현상 변화로부터 미래를 예측한다. '한 달 후에 무엇이 어느 정도 팔릴까?' 등과 같은 것을 예측한다(《도표 3-21》).

용어 ⑧ 데이터 전처리

데이터 전처리는 '데이터 클리닝'과 '각종 데이터 조작'을 수행한다. 데이터 클리닝에는 '결손 값 대응(데이터 일부가 빠진 상태)', '벗어난 값 대응(극단적으로 높은 값이거나 낮은 값인 상태)' 등이 있다. 데이터 클리닝을 통해 AI가 잘못된 학습을 하지 않게 한다.

각종 데이터 조작은 AI가 데이터의 특징을 쉽게 파악할 수 있게 여러 가지 처리를 수행한다. 예를 들면 설명 변수 A와 설명 변수 B의 값의 스케일(자릿수)이 너무 차이가 심하면, 어느 한쪽의 자릿수

〈도표 3-21〉시계열 모델

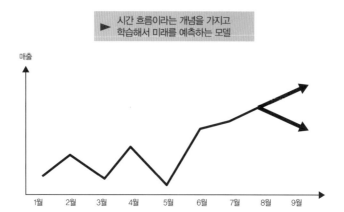

〈도표 3-22〉데이터 전처리

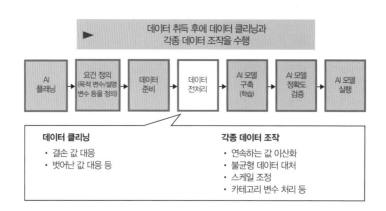

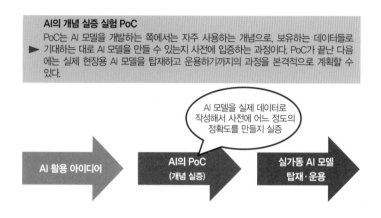

를 다른 쪽에 맞추는 처리를 한다. AI의 정확도를 높이기 위해 반복해서 시행착오를 수행한다(〈도표 3-22〉).

용어 ⑨ PoC

PoC는 Proof of Concept의 줄임말로, 본격적으로 개발하기 전의 사전 실증 실험을 가리킨다(〈도표 3-23〉). 기획한 AI가 정말 작동하는지를 실제로 투자하기 전에 확인한다. 우선 준비할 수 있는 학습 데이터로 '기대한 정확도를 달성할 수 있는지'를 실증한다. 그리고 일정한 정확도가 나오는 AI를 이용할 곳에서 임시로 시험 운용해 만족할 만한 결과가 나오는지 실증하기도 한다. '정확도가 제대로 나오는지' 그리고 '현장 도입해서 성과가 올라가는지'를 파악하지 못하는 일이

AI 기획에는 많이 있으므로, PoC 과정을 거쳐서 위험성을 줄인다.

용어 ⑩ 신경망

신경망은 딥러닝의 기반이 되는 구조이며, 인간 뇌의 신경세포(뉴런)을 흉내 내서 만들었다.

입력층, 은닉층, 출력층으로 나뉘며, 먼저 입력층에서 많은 정보를 받는다. 그리고 여러 개의 층으로 된 은닉층으로 데이터를 보내는데, 학습을 반복해서 은닉층을 통과하는 정보가 중요하면 굵어지고, 중요하지 않으면 가늘어져서 중요도를 가미하며 전달해간다. 은닉층부터 출력층에 도달하는 사이에서 정보의 굵고 가는 정도를 조절해서 올바르다고 생각하는 것을 답으로 끌어낸다(〈도표 3-24〉).

〈도표 3-24〉 신경망

▶ 인간 뇌의 신경세포(뉴런)를 흉내 내서 수리모델로 만든 구조

뉴런

impulses carried
toward cell body

branches
of axon

dendrites

nucleus

axon

axon
terminals

impulses carried
away from cell body

cell body

입력층   은닉층   출력층

용어 ⑪ 정답률과 재현율·적합률

예측형 AI의 정확도를 평가하는 지표가 몇 가지 있다(《도표 3-25》).

가장 단순한 정확도 평가 지표는 '정답률'이다. 이것은 전체로 봤을 때 예측과 답의 일치율이며, 단순한 계산 방법으로 구할 수 있다. 예를 들어 '어떤 사람이 살지 사지 않을지를 예측하는 AI'가 100명 중에서 70명에 관해 정답을 제공했다면 정답률은 70÷100=70%이다.

어떤 사람이 살지 사지 않을지를 예측하는 AI를 실제로 이용할 때, 만일 '사지 않는 사람'만 맞추고 '사는 사람'을 맞추지 못했다면 어떨까? 현장에서는 도움이 되지 않는 AI일 것이다. 이런 치우침을 방지하기 위해 전체로서의 정답률 외의 지표도 확인하자.

예측의 치우침을 확인하는 것으로 '재현율'이 있다. 재현율은 답을 줬을 때 예측한 내용이 그 답과 일치하는 비율이다. '산다'는 답을 받았을 때 실제로 사는 사람이 40명이라는 예측에서 산다고 한 사람이 그중 30명 있었다면, 사는 사람의 재현율은 30÷40=75%가 된다. 예를 들어 심한 병을 예측하는 AI라면, 병을 놓치지 않는 것이 중요하다. 그런 때는 재현율이 중요하다. 미심쩍은 것만 의심하라는 방침일 때 중요한 지표이다.

'적합률'은 예측한 것 중에서 실제로 답이 예측한 대로인 것의 비율이다. 산다고 예측한 사람이 50명이고 실제로 산 사람이 30명이라면, 산다는 예측의 적합률은 30÷50=60%가 된다. 예를 들어 영상 식별 AI로 도둑을 검출하는 시스템을 만들었다고 하자. 도둑질했다

▶ **정답률**
전체로 봤을 때 예측과 답의 일치율

예) 전체 정답률은 (30+40)÷100=70%

▶ **재현율**
답을 줬을 때 예측이 그 답을 지정한 경우

예) 산다는 예측의 재현율은 30÷(30+10)=75%
예) 사지 않는다는 예측의 재현율은
40÷(40+20)=66.6%

▶ **적합률**
예측이 답과 일치하는 경우

예) 산다는 예측의 적합률은 30÷(30+20)=60%

		예측	
		산다	사지 않는다
답	샀다	30 (정답)	10 (오답)
	사지 않았다	20 (오답)	40 (정답)

고 검출한 사람이 50명이고 실제로 도둑질한 사람이 10명이라면, 적합률은 20%가 된다. 이때는 의심받은 40명이 심하게 항의할 것이다. 이런 경우에는 적합률을 주시해야 한다.

용어 ⑫ AUC

AUC는 Area Under Curve의 줄임말로 얼마나 균형 있게 예측해서 맞히는지를 측정하는 지표이다. 재현율, 적합률과 함께 치우침을 확인하는 데 사용하자. AUC에서는 먼저 True Positive Rate('양성'을 '양성'이라고 예측하는 비율=재현율)와 False Positive Rate('음성'을 '양성'이라고 잘못 예측한 비율)를 측정한다. 여기서 말하는 양성은 '산다', 음성은 '사지 않는다'가 된다. 이것을 세로축과 가로축으로 곡선을 그려 그

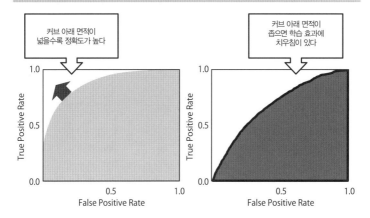

► True Positive Rate: '양성'을 '양성'이라고 올바르게 예측한 비율=재현율
► False Positive Rate: '음성'을 '양성'이라고 잘못 예측한 비율
► 앞의 2가지를 세로축과 가로축으로 하는 곡선으로 그려 그 면적이 얼마나 넓은지 본다
► 가장 넓은 것이 1이며, 엉터리라도 0.5이다. 균형 있게 맞추고 있는지를 볼 수 있다.

커브 아래 면적이
넓을수록 정확도가 높다

커브 아래 면적이
좁으면 학습 효과에
치우침이 있다

면적이 얼마나 넓은지를 본다. 면적은 최대 1이며, 아무리 엉터리로
예측해도 0.5가 된다.

전체의 정답률만으로는 판단할 수 없는 치우침을 확인해서 균형
있게 잘 맞추고 있는지를 알 수 있다(〈도표 3-26〉).

제4장

STEP ②

AI 만드는 방법의
큰 그림을 이해하자

HOW
AI & THE HUMANITIES
WORK TOGETHER

AI, 특징 파악하기
명수이다

문과형 AI 인재가 될 수 있는 STEP ①로써 AI의 기본 지식을 배웠다. 다음 STEP ②에서는 AI를 만드는 방법을 배워보겠다. 하지만 만드는 방법을 설명하기 전에 먼저 'AI란 어떤 것인가'를 깊게 생각해보자.

AI는 대량의 데이터를 통째로 외우고 있는 것이 아니다

딥러닝과 머신러닝을 포함하는 AI는 어떻게 만들어졌는가를 이해해보자. 먼저 'AI는 많은 데이터를 통째로 암기하고 있는 것이 아니라는' 것을 알아야 한다. AI는 대량 데이터(빅데이터)가 있으면 정확도가 높아지는데, 이는 대량의 데이터 전부를 기억하기 때문이 아니다. AI는 수많은 데이터에서 특징을 파악해 법칙을 찾아낸다.

즉, AI는 특징 파악하기의 명수라 할 수 있다.

AI가 통째로 암기하는 것만 할 수 있다면 어떻게 될까? 데이터에 포함되지 않은 새로운 패턴 상황에서는 엉뚱한 예측만 할 것이다. AI 는 암기가 아니라 특징을 파악해 법칙을 만들기 때문에 새로운 패턴, 즉 모르는 상태에 관해서도 더 정확하게 예측할 수 있다.

AI는 데이터 작성, 학습, 예측으로 만들어진다

특징 파악하기 명수인 AI는 어떻게 만들어질까? 문과형 AI 인재가 AI 만들기에 관해 전부 파악해서 직접 AI를 만들 필요는 없지만, AI 만드는 방법을 대강은 이해해두자. 만드는 방법과 내용물의 개요를 이해할 수 있으면, AI 기획과 AI 구축 업무를 상당히 매끄럽게 진행할 수 있기 때문이다.

그럼 AI를 어떻게 만드는지 예를 통해 설명하겠다. 여기서는 지도 학습으로 만드는 예측형 AI를 예로 들어 진행한다. 현실감을 더 부여하기 위해 '장래에 출세할 수 있을지 어떨지를 예측하는 AI'라는 가공의 AI를 만든다는 전제로 설명하겠다.

AI 만드는 과정은 '데이터 작성', '학습', '예측'의 3단계로 완성된다(《도표 4-1》).

'장래에 출세할지 어떨지를 예측하는 AI'는 기업에 재직 중인 직원이 3년 후에 출세할지 어떨지를 예측하는 가공의 AI다. 이러한 AI를 만들려면 먼저 '데이터 작성'을 수행한다. 이때 무엇을 예측할지(이것을 KEY라 부른다)를 정의한다. 그리고 예상 대상을 특징짓는 변수(설명 변수)와 AI로 예측하고 싶은 것(목적 변수)을 정의한다.

〈도표 4-1〉 AI를 만드는 과정: 장래 출세 여부를 예측하는 AI의 예

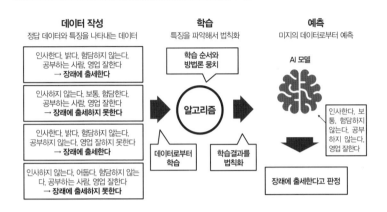

- KEY(무엇에 관하여 예측하는가): 사원 이름

- 설명 변수: 인사하는가, 성격이 밝은가, 험담하는가, 공부하는 사람인가, 영업을 잘하는가

- 목적 변수: 3년 후에 출세할지 어떨지

　이번 예에서는 먼저 무엇을 예측하는가의 KEY로 사원 이름을 입력한다. 다음으로 예측할 대상을 특징짓는 변수(설명 변수)를 인사하는가, 성격이 밝은가, 험담하는가, 공부하는 사람인가, 영업을 잘하는가로 해서 실적값을 입력한다. 그리고 예측하고 싶은 것(목적 변수)를 3년 후에 출세할지 어떨지로 해서 데이터를 입력한다. 이러한 항목들을 엑셀 등을 사용해서 다음의 표와 같은 형식으로 작성한다 (〈도표 4-2〉).

►KEY	► 설명 변수					►목적 변수
사원명	인사하는가	성격이 밝은가	험담하는가	공부하는 사람인가	영업을 잘하는가	3년 후에 출세할지 어떨지
A씨	1	2	1	1	1	1
B씨	0	1	0	1	1	0
C씨	1	2	1	1	0	1
D씨	0	0	1	1	1	0
·						
·						

KEY인 사원 이름에는 직원 이름을 넣는다. 이 항목은 사람을 식별할 수만 있으면 되므로, 사원 번호라도 상관없다. 설명 변수인 '인사하는가' 항목에는 인사를 하면 1, 인사하지 않으면 0을 넣는다. '성격이 밝은가' 항목에는 밝다면 2, 보통이면 1, 어두우면 0을 넣는다. '험담하는가' 항목에는 험담하지 않으면 1, 한다면 0을 넣는다. '공부하는 사람인가', '영업을 잘하는가'도 같은 식으로 입력한다. 목적 변수인 '3년 후에 출세했다' 항목에는 실제로 출세했으면 1, 출세하지 않았으면 0을 넣는다.

이런 데이터를 가능한 한 많이 준비한다.

데이터 작성이 끝났으면 이제 학습을 한다. 준비한 엑셀 데이터를 CSV[8] 데이터 형식으로 출력해 AI 알고리즘(학습 순서와 방법론 덩어리)에 투입한다. 여기서 데이터로 학습하고, 학습결과에서 법칙을 발견한다. 앞에서 소개한 대로 알고리즘은 종류가 많지만, 도구에 따라서는 자동으로 좋은 결과를 내주는 것을 골라주기도 한다.

알고리즘이 데이터로 학습을 끝내면 AI 모델을 완성한다. AI 모델에 새로 들이온 Z씨의 인사하는가, 성격이 밝은가, 험담하는가, 공부하는 사람인가, 영업을 잘하는가 경향 데이터를 투입하자. 그러면 Z 씨가 3년 후에 출세할지 어떨지에 관해 출세한다, 출세하지 못한다는 두 종류의 결과뿐만 아니라 출세할 확률 점수가 얼마인지도 보여준다.

AI가 의미를 이해하는 것은 아니다

예시에서 AI에 몇 가지 항목에 관한 데이터를 준비해 학습시키고 미래를 예측할 수 있게 했지만, 한 가지 주의할 점이 있다. 현대의 AI는 데이터 전부를 수치로 파악하는 것이지, 데이터의 의미를 이해하는 것이 아니라는 점이다.

AI는 데이터를 전부 숫자로 다룬다. 작성한 데이터 안에서도 '인사하는가'를 1 또는 0으로 보여줬는데 원래부터 인사하는가, 성격이 밝은가, 험담하는가, 공부하는 사람인가, 영업을 잘하는가라는 항목

---

8 몇 가지 필드를 구분 문자인 콤마[,]로 구분한 텍스트 데이터

Key	metrics01	metrics02	metrics03	metrics04	metrics05	metrics_target
1	1	2	1	1	1	1
2	0	1	0	1	1	0
3	1	2	1	1	0	1
4	0	0	1	1	1	0
5						
.						
.						

이 무슨 의미인지는 전혀 이해하지 못한 채 예측결과를 내는 것이다. 또한 목적 변수인 3년 후에 출세할지 어떨지에 대해서도 의미를 이해하지 못한다.

AI가 본 세계는 〈도표 4-3〉과 같은 상태이다.

'번호가 매겨진 사람의 첫 번째 값은 1, 두 번째 값은 2, … 그리고 맞추고 싶은 값은(어떤 것을 보여주고 있는지는 모르지만) 1'과 같이 항목이 보여주는 의미와 관계없이 예측결과를 내는 것이 현재의 AI다.

AI가 만능이 아니라고 하는 이유 중 하나가 이것이다.

특징 파악하기의 명수인 AI를 만드는 대략적인 방법을 알았을 것이다. 이어서 예측형 AI, 식별형 AI, 대화형 AI, 실행형 AI를 만드는 방법에 대해 더 자세하게 설명하겠다.

예측형 AI 만드는
방법을 이해한다

예측형 AI는 어떻게 만드는가

'장래에 출세할지 어떨지를 예측하는 AI'를 예로 들어 예측형 AI를 만드는 방법의 전체적인 그림을 이해했다. 이제 조금 난이도를 높여 예측형 AI를 만드는 방법을 배워보자. 예측형 AI 활용 사례로 다음과 같은 내용이 있었다.

예측형×대행형 AI 활용 사례

- 대출 심사(대출 후의 거래 상황 예측)

- 네트워크 감시

- 발전소 데이터로 이상 감지

〈도표 4-4〉 예측형 AI 만드는 방법

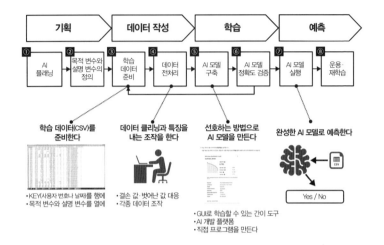

예측형×확장형 AI 활용 사례

· 고객 행동 예측

· 수요 예측

· 가장 적합한 판매 가격 설정

· 콜센터 통화량 예측

· 이직자 예측

　　예측형 AI 활용 사례를 머릿속에 넣으면서 이미지를 떠올리며 만드는 방법을 파악하자(〈도표 4-4〉).

　　예측형 AI는 다음과 같은 단계를 거쳐 만든다. 각각 차례대로 살펴보자.

기획

① AI 플래닝

② 목적 변수와 설명 변수의 정의

데이터 작성

③ 학습 데이터 준비

④ 데이터 전처리

학습

⑤ AI 모델 구축

⑥ AI 모델 정확도 검증

예측

⑦ AI 모델 실행

⑧ 운용 · 재학습

AI 플래닝과 목적 변수 · 설명 변수의 정의

AI를 만들려면 데이터 작성, 학습, 예측의 3단계가 있다고 소개했지만, 여기서는 더 앞단계인 기획을 넣어 4단계로 살펴본다. 기획 단계는 문과형 AI 인재가 담당하는 중요한 공정이다. 또한 '데이터 작성', 학습, 예측을 뒷받침하는 중요한 첫 번째 단계이기도 하다.

기획 단계는 ① AI 플래닝과 ② 목적 변수/설명 변수 정의로 이루어져 있다.

① AI 플래닝에서는 AI를 어떤 목적으로 어떻게 활용할지 등을 생각하고 전체적인 계획을 만든다. 자세한 내용은 뒤에 나오는 제5장에서 설명한다.

② 목적 변수와 설명 변수 정의에서는 AI 플래닝에서 정의한 AI를 구체적으로 어떤 데이터로 만들지를 계획한다. 목적 변수와 설명 변수는 중요한 사항이므로 복습해두자(《도표 4-5》).

목적 변수는 '예측형 AI가 무엇을 예측하게 하고 싶은가'라는 값이다. 앞의 예에서는 3년 후에 출세할지 어떨지였다. 설명 변수는 목적 변수를 예측하게 만드는 데 사용하는 값이다. 여기서 중요한 점은 목적 변수를 정확하게 예측하려면 관련성 높은 설명 변수를 가능한 한 많이 수집해둬야 한다는 점이다.

예를 들어 '3년 후에 출세할지 어떨지'라는 것을 맞추고 싶으면 어떤 데이터가 예측에 도움이 될까를 생각한다. 출신지, 취미 등은 출세에 별로 영향을 주지 못할 것 같고 앞에서 서술한 인사하는가, 성격이 밝은가, 험담하는가, 공부하는 사람인가, 영업 잘하는가는 출세하는 사람에게서 공통적으로 볼 수 있는 경향일 것 같다. 그 밖에도 지각하지 않는다, 빠짐없이 보고한다, 행동이 빠르다 등 생각할 수 있는 값을 목록으로 만든다.

관련성이 높은 설명 변수를 골랐으면 실제로 그 변수의 값을 데

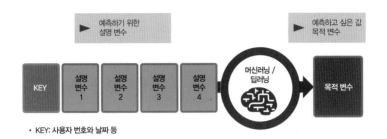

• KEY: 사용자 번호와 날짜 등

이터로 확보할 수 있는지 확인한다. 바로 예측형 AI를 만들고 싶으면, 과거로 거슬러 가서 선택한 설명 변수가 데이터로 남아 있는지도 확인한다.

마지막으로 어떤 기간의 데이터를 사용할지 결정한다. 다음과 같이 지정한 기간의 차이로 인해 예측형 AI를 사용하는 방법과 예측 정확도가 달라진다. AI를 어떤 목적으로 사용하는지에 따라 적절한 기간을 설정하자.

a. 1년 후에 출세할지 예측하기 위해 입사 후 3개월간 데이터를 사용하여 예측한다

b. 3년 후에 출세할지 예측하기 위해 입사 후 1년간 데이터를 사용하여 예측한다

c. 10년 후에 출세할지 예측하기 위해 입사 후 3년간 데이터를 사용하여 예측한다

a의 예측 모델은 짧은 기간의 데이터로 빠르게 예측한다. 신입으로 입사한 후에 단기적으로 좋은 평가를 받을 것 같은 사람을 예측

해 적절하게 배치하는 데 활용할 수 있다.

b의 예측 모델은 1년 동안의 행동 데이터를 사용한다. 리더와 같은 중요한 직위에 적당할지 어떨지를 예측한다. 그리고 c의 예측 모델은 미래의 간부 후보를 예측할 때 활용할 수 있다.

이러한 사항을 정리하면 다음과 같은 것을 수행해 '데이터 작성'으로 진행한다.

- 목적 변수를 결정한다
- 질 좋은 설명 변수를 선택한다
- 설명 변수로 데이터를 확보할 수 있을지 확인한다
- 어떤 기간의 데이터를 사용할지를 결정한다

전문가에게 제대로 의뢰할 수 있는 학습 데이터 준비

기획 단계가 끝나면 데이터 작성 단계에 들어간다. 데이터 작성에서는 앞에서 설명한 ② 목적 변수와 설명 변수 정의를 바탕으로 ③ 학습 데이터 준비를 수행한다. 이때 학습 데이터가 복잡해 취득과 가공이 어려울 때가 있다.

그럴 때는 데이터 사이언티스트 또는 엔지니어에게 학습 데이터 준비를 의뢰한다. 여기서는 모든 작업을 문과형 AI 인재가 수행할 수 있게 설명하는 것이 아니라, 적어도 올바르게 의뢰할 수 있게 설명하고자 한다.

구체적인 학습 데이터의 예를 살펴보자. 여기서는 전자상거래 사이트의 데이터에서 사용자 미래 구매를 예측하는 AI용 학습 데이터를 사용한다. 이 데이터의 KEY, 설명변수, 목적변수는 다음과 같다.

- KEY: 회원 ID
- 설명 변수: 연간 구매횟수, 회원 등급, 사이트 체재 시간(14일간, 단위는 초), 사이트 방문횟수(14일간), 상품 페이지 열람횟수(14일간), 장바구니에 담은 개수(14일간)
- 목적 변수: 30일 이내의 구매

이러한 예측형 AI에서는 어떤 회원 ID의 사람이 30일 이내에 구매할지 어떨지를 예측한다. 30일 이내의 구매를 예측하기 위한 값으로 연간 구매횟수, 회원 등급, 최근 14일간 사이트 체재 시간(단위는 초), 최근 14일간 사이트 방문횟수, 최근 14일간 상품 페이지 열람횟수, 최근 14일간 장바구니에 담은 개수를 이용한다. 다르게 말하면 과거 1년간 구매횟수와 어떤 회원 등급인지의 정보, 최근 14일간 전자상거래 사이트에서의 행동 데이터로 30일 이내에 구매할지 어떨지를 AI로 예측하는 것이다.

이때 학습 데이터는 뒤에 나오는 〈도표 4-6〉처럼 된다.

이러한 학습 데이터는 전자상거래 사이트가 보유하는 과거의 구매 데이터, 회원 데이터, 웹 행동 데이터에서 출력해서 엑셀(CSV) 데이터로 보존한 것이다. 가장 왼쪽 열에 있는 것이 회원 ID이고, 그 회

〈도표 4-6〉 학습 데이터 실제 예

► KEY (비교하는 대상)	►설명 변수 (특징 요인)		
key	연간 구매횟수(12개월간)	회원 등급	사이트 체재 시간 (14일간, 단위는 초)
10001	1	0	450
10002	1	0	3220
10003	1	5	3211
10004	4	0	443
10005	1	0	98
10006	0	0	82
10007	2	0	321
10008	1	1	0
10009	1	0	4322
10010	1	0	10032
10011	5	2	32911
10012	1	1	234
10013	0	0	42
10014	1	0	32
10015	0	0	3444
10016	5	1	6
10017	1	0	23
10018	3	0	45
10019	1	0	0
10020	1	0	567
10021	1	0	222
10022	1	4	11

▶설명 변수 (특정 요인)			▶목적 변수 (예측 대상)
사이트 방문횟수(14일간)	상품 페이지 열람횟수 (14일간)	장바구니에 담은 개수 (14일간)	30일 이내의 구매
3	5	5	1
1	0	0	0
4	0	0	0
5	0	3	0
6	10	0	0
5	9	0	0
4	0	0	0
0	30	0	0
3	2	0	1
6	0	0	0
4	13	0	1
3	0	0	0
2	3	0	0
3	6	0	0
6	13	6	1
2	0	0	0
1	4	0	0
1	60	2	0
0	5	0	0
1	5	3	0
2	59	0	0
4	7	0	0
1	0	0	0

원 ID와 연관 있는 설명 변수가 늘어서고, 마지막 열에 예측 대상인 목적 변수가 있다.

각 데이터의 대상 기간은 다음과 같이 기간을 지정해 과거 데이터에서 학습 데이터를 만든다.

- 연간 구매횟수: 2018/11/01~2019/10/31

- 회원 등급: 2019/10/31 시점

- 사이트 체재 시간(14일간, 단위는 초): 2019/10/18~2019/10/31

- 사이트 방문횟수(14일간): 2019/10/18~2019/10/31

- 상품 페이지 열람횟수(14일간): 2019/10/18~2019/10/31

- 장바구니에 담은 개수(14일간): 2019/10/18~2019/10/31

- 30일 이내의 구매: 2019/11/1~2019/11/30

〈도표 4-7〉 데이터의 시간축

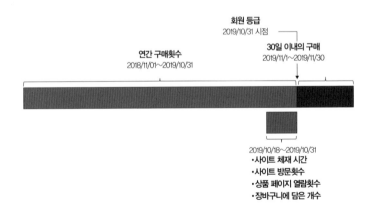

시간 죽을 그림으로 표시하면 〈도표 4-7〉처럼 된다. 이처럼 과거의 결과 데이터에서 기간을 지정해 데이터를 구분하여 예측형 AI용학습 데이터를 만든다. 기간을 구분하는 방법으로 학습시킨 예측형 AI는 과거 1년간 구매횟수와 최근 회원 등급, 최근 14일간의 웹사이트 내 행동 데이터를 근거로 그 시점부터 30일간의 미래를 예측할 수 있다.

데이터 전처리 ① 결손 값 · 벗어난 값을 찾아 대응

필요한 값을 모아서 학습 데이터를 준비했으면, 이제 데이터 전처리로 이동한다. AI 모델을 구축할 때 모은 데이터에 부족한 부분이 있으면, 학습할 때 에러가 발생하기도 한다. 데이터의 부족에는 몇 가지 패턴이 있다.

예를 들어 있어야 할 데이터가 빠진 데이터 결손이나 숫자 형식으로 넘겨줘야 하는데 숫자로 인식할 수 없는 문자로 된 데이터처럼 형식에 대응하지 않은 상태 등이 대표적인 사례이다. 이번에는 문과형 AI 인재를 위한 해설이므로 데이터 사이언티스트의 영역처럼 깊게 해설하지는 않는다. 다만 데이터 전처리에서 어떤 것을 수행하는지를 간단한 예를 통해 이해하자.

〈도표 4-6〉 학습 데이터에 결손이 있었다는 것을 알아차렸을까?

key	연간 구매횟수(12개월간)	회원 등급	사이트 체재 시간 (14일간, 단위는 초)
10001	1	0	450
10002	1	0	3220
10003	1	5	3211
10004	4	0	443
10005	1	0	98
~~10006~~	~~0~~	~~0~~	~~82~~
10007	2	0	321
10008	1	1	0
10009	1	0	4322
~~10010~~	~~1~~	~~0~~	~~10032~~
10011			

- 회원 ID 10006이 30일 이내에 구매한 수치가 비어 있음

- 회원 ID 10010이 30일 이내에 구매한 수치가 비어 있음

어떤 이유로 인해 데이터가 빠진 경우가 있다. 예를 들면 통신할 때 에러나 인위적인 실수 등이 이유일 수 있다. 값이 비어 있는 데이터로는 AI가 학습할 때 에러가 발생하므로 결손 값이 있는 회원 ID 10006과 10010의 행을 삭제한다. 이것이 데이터 클리닝 작업이다(〈도표 4-8〉).

이것으로 값이 없는 데이터는 없어졌다. 결손 데이터가 많을 때

사이트 방문횟수(14일간)	상품 페이지 열람횟수(14일간)	장바구니에 담은 개수(14일간)	30일 이내의 구매
3	5	5	1
1	0	0	0
4	0	0	0
5	0	3	0
6	10	0	0
5	9	0	
4	0	0	0
0	30	0	0
3	2	0	1
6	0	0	
4	13	0	1

빠진 행을 지우면 학습 데이터양이 크게 줄어든다. 설명 변수의 값이 대량으로 빠져 있다면 빠진 자리에 그 항목의 전체 평균값을 넣어서 행이 줄어드는 것을 막을 수도 있다.

그리고 데이터에 따라서는 수치가 두드러지게 크거나 작은 '벗어난 값'이 들어 있는 일도 있다. AI가 학습할 때 노이즈로 작용할 수있으므로 벗어난 값이 있다면 해당 행을 삭제하기도 한다.

데이터 전처리 ② 특징을 파악하기 쉽도록 가공

결손 값이나 벗어난 값에 대응하는 작업은 학습할 때 오류나 노이

사이트 체재 시간 (14 일간, 단위는 초)	사이트 체재 등급 (14 일간)
450	3
3220	4
3211	4
443	3
98	2
321	3
0	0
4322	4
32911	5
234	3
42	2
32	2
3444	4
6	1
23	2
45	2
0	0

즈를 막기 위한 처리이지만, 데이터 전처리에는 또 다른 처리가 있다. 존재하는 데이터에서 AI가 가능한 한 특징을 파악하기 쉽게 데이터를 가공해주는 처리이다.

지금까지 예로 들었던 학습 데이터(〈도표 4-6〉) 속에 '사이트 체재 시간(14일간, 단위는 초)'만이 다른 설명 변수 항목과 비교해 자릿수가 많은 값을 다루는 것을 알아차렸는가? 상황에 따라 다르긴 하지만, 이렇게 자릿수가 많은 항목을 다루면 학습이 치우치거나 정확도를 올리는 데 방해가 되기도 한다.

학습 정확도를 올리는 방법으로 '사이트 체재 시간(14일간, 단위는 초)'을 '사이트 제재 등급(14일간)'으로 바꾸고 초로 표시한다. 자릿수가 많은 값을 0초에서 10초까지는 1등급, 11초에서 100초까지는 2등급이라는 식으로 값을 바꿔주는 처리를 할 수도 있다(〈도표 4-9〉). 이렇게 하면 AI가 특징을 파악하기 쉬워진다.

또한 존재하는 데이터 값을 있는 그대로 사용하는 것만이 아니라, 항목 간의 차이와 변화율 등으로 변환해서 다루면 학습 정확도를 높일 수도 있다.

데이터 결손에 대한 대응으로 간단한 데이터 처리를 수행한 결과인 학습 데이터가 다음에 나오는 〈도표 4-10〉이다.

이것으로 학습 데이터를 완성했다. 이어서 AI 모델 구축을 시작해보자.

AI 모델 구축: 프로그래밍이 아닌 마우스로 만든다

학습 데이터 준비와 데이터 전처리가 끝났으면, AI를 학습시키는 단계로 들어간다. 기다리고 기다리던 AI 모델 구축 단계인데, 먼저 AI 모델을 만드는 방법을 선택한다.

예측형 AI 모델을 만드는 방법은 다음과 같이 크게 3가지로 나눌 수 있다. 이번에는 AI를 만드는 것이 전제이므로, 앞에서 소개한 이미 만들어진 AI 서비스는 제외한다.

key	연간 구매횟수 (12 개월간)	회원 등급	사이트 체재 시간 (14 일간 , 단위는 초)
10001	1	0	3
10002	1	0	4
10003	1	5	4
10004	4	0	3
10005	1	0	2
10007	2	0	3
10008	1	1	0
10009	1	0	4
10011	5	2	5
10012	1	1	3
10013	0	0	2
10014	1	0	2
10015	0	0	4
10016	5	1	1
10017	1	0	2
10018	3	0	2
10019	1	0	0
10020	1	0	3
10021	1	0	3

- GUI 베이스 AI 구축 환경에서 만든다

- 코드 베이스 AI 구축 환경에서 만든다

- 아무것도 없는 상태에서 AI를 만든다

　　문과형 AI 인재를 위한 책이므로 아무것도 없는 상태에서 AI를 만드는 것은 선택지에서 제외한다. 또한 코드 기반 AI 구축 환경에서 만드는 것은 아무것도 없는 상태에서 스스로 프로그래밍하는 것보다 AI 모델 구축하기가 편하다. 하지만 프로그래밍 코드를 잘 알아

사이트 방문횟수(14일간)	상품 페이지 열람횟수(14일간)	장바구니에 담은 개수(14일간)	30일 이내의 구매
3	5	5	1
1	0	0	0
4	0	0	0
5	0	3	0
6	10	0	0
4	0	0	0
0	30	0	0
3	2	0	1
4	13	0	1
3	0	0	0
2	3	0	0
3	6	0	0
6	13	6	1
1	4	0	0
1	60	2	0
0	5	0	0
1	5	3	0
2	59	0	0
4	7	0	0

야 하므로 문과형 AI 인재가 직접 AI 모델을 구축하는 것이 전제라면, 선택지에서 빼는 것이 좋다.

이번에는 문과형 AI 인재가 이해하기 쉬운 GUI 기반 AI 구축 환경을 사용해서 AI 모델 구축을 배워보자. 프로그래밍 없이 마우스로 조작하는 GUI로 학습할 수 있는 도구는, 브라우저에서 조작할 수 있는 웹 서비스 타입 또는 컴퓨터에 설치하는 앱 타입이 있다.

이러한 GUI 기반 AI 구축 환경도 여러 가지 종류가 있어서 서로 조금씩 다른 부분도 있지만, 대체로 〈도표 4-11〉과 같은 흐름으로

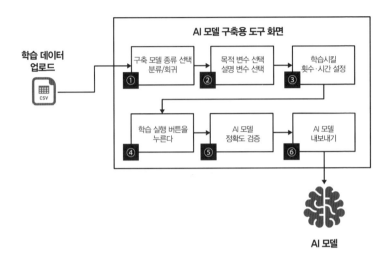

작업한다.

먼저 준비한 학습 데이터를 AI 구축용 도구에 업로드한다. 도구의 스펙에 따라 다르지만, 업로드를 한 학습 데이터를 도구 안의 처리용으로 '훈련 데이터'와 '검증 데이터'로 자동으로 나누는 것이 많다. 훈련 데이터와 학습 데이터는 9대1 또는 8대2로 나누는 경우가 많다.

- 훈련 데이터: AI가 훈련에 사용하기 위한 데이터
- 검증 데이터: 훈련된 AI 모델의 정확도를 측정하기 위한 데이터

데이터 업로드가 끝나면 다음과 같은 순서대로 브라우저 또는 도구 화면에서 마우스 조작과 입력 조작을 수행한다.

(1) 구축 모델 종류 선택(분류/회귀)

(2) 목적 변수 선택, 설명 변수 선택

(3) 학습시키는 횟수·시간 설정

(4) 학습 실행 버튼을 누른다

(5) AI 모델 정확도 검증

(6) AI 모델 내보내기

(1) 구축 모델 종류 선택(분류/회귀)

용어 해설에서도 소개한 분류와 회귀 중 어떤 모델을 만들지를 선택한다. 복습 차원에서 다시 설명하면 '분류'는 '구매한다/구매하지 않는다'라는 2가지 분류에서 맞히거나 '성장한다/변함없다/정체한다'의 3가지 분류 중에서 어디에 해당할지를 맞히는 모델이다. 회귀는 '몇 개를 사는가?', '몇 명이 오는가?', '100만 엔어치를 판매한다'와 같이 수치를 맞히는 모델이다.

(2) 목적 변수 선택, 설명 변수 선택

다음은 학습 데이터로 업로드가 끝난 데이터 항목 중에서 어떤 것을 '목적 변수'로 설정할지 고르고, 마찬가지로 무엇을 '설명 변수'로 사용할지 설정한다. '설명 변수'를 설정할 때는 어떤 설명 변수를 사용할지 조합을 패턴으로 시험해보면 정확도가 변하기도 한다. '구글 AutoML Tables'이라면 〈도표 4-12〉처럼 된다.

(3) 학습시키는 횟수·시간 설정

AI 모델을 구축할 때 반복 학습을 통해 최적의 상태로 만든다. 단, 영원히 반복시킨다고 정확도가 계속 올라가는 것은 아니다. 학습 종료 계기를 정의하려면 학습을 몇 번 반복할지 또는 학습을 몇 분간 계속할지를 설정한다. 많은 경우 기본값으로 설정되어 있으므로 처음에는 기본값대로 사용해도 좋다.

(4) 학습 실행 버튼을 누른다

학습 조건을 설정했으면 학습을 실행하는 버튼을 누른다. 버튼을 누르면 학습이 시작되고 학습 종료까지 기다리면 된다.

(5) AI 모델 정확도 검증

학습을 종료하면 AI 모델이 어느 정도 확률로 정답을 맞히는지 확인한다(〈도표 4-13〉). 도구에 업로드를 한 학습 데이터 중에서 일부 데이터를 도구에서 자동으로 잘라서 정확도 검증 과정에 사용하는 경우가 많다.

〈도표 4-13〉 구글 AutoML Tables 정확도 검증

- 출처: https://cloud.google.com/automl-tables/docs/evaluate?hl=ko
- Google and the Google logo are registered trademarks of Google LLC, used with permission.

(6) AI 모델 내보내기

AI 모델의 정확도 검증이 끝나고 사용할 수 있는 수준에 도달했다고 판단했다면, AI 모델을 내보내서(export) 예측에 사용할 수 있는 상태로 만든다. 구축한 모델을 외부로 출력할 때도 있고, 도구 내에 보관한 상태로 호출할 수 있는 것도 있다. 그러므로 각 서비스 도구의 사양을 확인해두자.

소개한 것과 같은 순서대로 AI 모델을 구축할 수 있다. 아무것도 없는 상태에서 AI를 만드는 경우나 코드 기반 AI 구축 환경을 사용해서 AI 모델을 구축한다면, 수작업의 미세 조정과 개선을 시도할 것을 추천한다. 알고리즘 선택과 각종 파라미터 조정 등은 GUI 기반 AI 구축 환경이 자동으로 최적화 처리를 해주는 경우가 많다. 직접 개인화해서 더 정확도를 높이려는 추가적인 작업은 불가능하다. 하지만 대강의 최적화를 전문지식이 깊지 않아도 수행해주는 것은 큰 장점이라 할 수 있다.

특히 정확도가 조금이라도 낮아지면 생명에 영향을 준다거나 큰 손실로 이어지는 것과 같은 심각한 사례에서 AI를 이용하는 것이 아니라면, AI 모델 구축 난이도를 낮춰주는 도구 서비스는 중요한 역할을 한다.

AI 모델 검증: 정답률이 높아도 쏠림이 있으면 실용성은 낮아진다

GUI 도구에서의 조작은 후반에도 나오지만 'AI 모델 정확도 검증'에

〈도표 4-14〉 AUC

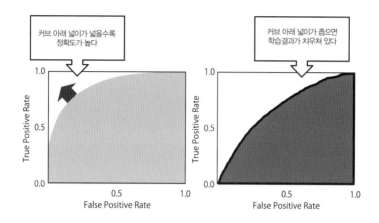

관해서도 약간 설명해두겠다. 예측형 AI에서 정확도 검증은 정답률을 먼저 본다. 예를 들어 분류를 위한 AI 모델이라고 하자. 1,000회 예측시켜서 900회 정답이었다면, 정답률은 90%가 된다.

분류 모델이라면 용어 해설에서도 소개한 AUC도 확인하자. 예컨대 전자상거래 사이트에서 구매할지 어떨지를 예측하는 AI 모델이라면, 학습 방법에 따라 '구매하지 않는 사람은 잘 예측하는데, 구매하는 사람은 예측하지 못하는 것'처럼 치우친 모델이 되기도 한다. 전체 정답률은 높더라도 이렇게 극단적으로 치우치면 해당 AI 모델은 실용화하기 어렵다. 이런 치우침이 있는지 없는지를 확인하는 것이 AUC 값이다. AUC는 〈도표 4-14〉에서 보는 것과 같이 커브를 그리는 곡선 아래의 면적을 계측한다. 2가지로 나누는 분류라면, 무작위로 맞히려 하면 그 값은 0.5가 된다. 그리고 AUC의 최댓값은 1이며, 1에 가까울수록 치우침 없이 정확도가 높은 상태인 것을 보여준다.

True Positive Rate는 값이 정(구매한다)이라고 올바르게 예측한 비율이고, False Positive Rate는 값이 부(구매하지 않는다)라고 예측했지만 맞히지 못한 비율이다. 정과 부 양쪽에서 균형 있게 정답을 많이 내면, 커브 아래 면적이 커진다. 한편, 어느 쪽으로 치우쳐서 정답을 내기 어려우면 면적이 작아지는 원리이다.

AI 모델 실행

AI 모델 정확도 검증이 끝났으면 드디어 AI 모델을 실행한다. 학습할 때 이용한 설명 변수 항목을 CSV 등의 데이터로 준비해서 미래의 목적 변수를 예측한다(《도표 4-15》).

AI 모델 운용과 재학습

구축한 AI 모델은 시스템에 도입하거나 해서 운용한다. 운용할 때 AI 모델의 예측 정확도가 떨어지지 않는지를 정기적으로 확인하고, 만약 예측 정확도가 현저하게 떨어지면 재학습한다.

학습 데이터가 오래되면 최신 상황과는 맞지 않게 되기도 하므로, 최근 데이터를 학습 데이터로 준비한다. 예전에 학습한 오래된 데이터와 새로운 데이터를 교체하여 AI를 재학습시킨 다음, AI 모델

〈도표 4-15〉 GUI 도구를 이용하는 학습의 흐름 ②

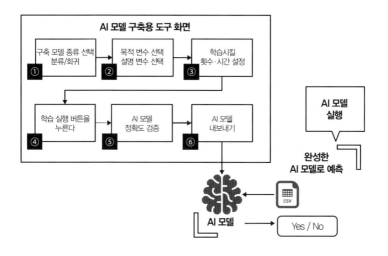

〈도표 4-16〉 GUI 도구를 이용하는 학습의 흐름 ③

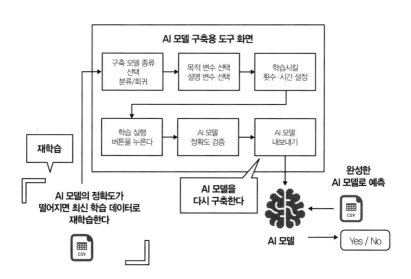

을 재출력한다(〈도표 4-16〉). 새로운 데이터로 학습해도 정확도가 높아지지 않는다면 설명 변수를 재검토한다.

① AI 플래닝	② 목적 변수와 설명 변수의 정의
③ 학습 데이터 준비	④ 데이터 전처리
⑤ AI 모델 구축	⑥ AI 모델 정확도 검증
⑦ AI 모델 실행	⑧ 운용·재학습

이렇게 8단계를 살펴봤다. 이것으로 예측형 AI를 만드는 방법의 전체 모습을 이해했을 것이다. 실제로 어떤 데이터를 사용해서 어떤 순서로 학습시키는지 이해할 수 있었을 것이다. 여러분에게 안갯속 같던 AI 모델 만드는 방법이 맑은 하늘처럼 선명해졌다면, 필자에겐 큰 기쁨이다.

보충설명: AI 구축 환경이 발달해 무엇이 바뀌었는가?

예측형 AI 모델 만드는 방법을 GUI 기반 AI 구축 환경을 예로 들어 설명했다. GUI 기반 AI 구축 환경과 같은 AI 구축 환경이 발달해서 무엇이 변했을까? 아무것도 없는 상태에서 AI를 만드는 순서를 보면서 그 변화를 알아두자(〈도표 4-17〉).

아무것도 없는 상태에서 AI를 만들려면, 다음과 같은 작업을 거의 '0'에 가까운 상태에서 스스로 수행해야 했다.

〈도표 4-17〉 AI 구축 지원 환경의 발전

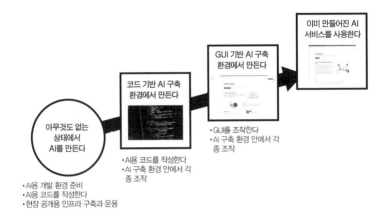

- AI용 개발 환경 준비

- AI용 코드 작성

- 실제 공개용 인프라 구축과 운용

    물론 이용할 수 있는 라이브러리[9] 등은 예전부터 있었다. 하지만 AI를 실제로 현장에서 공개하기까지 과정에서 매우 광범위한 작업을 수행해야 했고, 높은 전문성과 넓은 지식을 가져야만 대응할 수 있었다.

    코드 기반 AI 구축 환경을 이용하면서, 구축 환경 안에서 각종

---

9   범용성이 높은 여러 개의 프로그램을 다시 이용할 수 있는 형태로 모아놓은 것

조작을 통해 아무것도 없는 상태에서 만들 때 필요했던 작업을 줄일 수 있게 되었다. 그럼으로써 AI용 코드를 작성하는 데 시간을 투입할 수 있게 되었다.

코드 기반 AI 구축 환경에서 만들 때의 대응 범위

- AI용 코드 작성

- AI 구축 환경 안에서 각종 조작

그리고 GUI 기반 AI 구축 환경이 등장한 후로는 코드 기반 AI 구축 환경에서 수행하던 AI용 코드 작성 작업이 필요 없어졌다. 대신 GUI를 사용해서 드래그&드롭이나 마우스 클릭으로 작업을 수행할 수 있게 되었다.

GUI 기반 AI 구축 환경에서 만들 때의 대응 범위

- GUI를 조작

- AI 구축 환경 안에서 각종 조작

이처럼 AI 구축 환경은 이제까지 이과형 AI 인재(데이터 사이언티스트, AI 엔지니어)가 수행하던 AI 알고리즘 선정이나 비교 검증과 같은 작업과 AI 구축과 운용을 위한 시스템 구축 등을 간단하게 수행할 수 있게 해줬다. 때로는 완전하게 자동으로 처리해주기도 한다.

아무것도 없는 상태에서 제로부터 AI를 구축하는 일이 적어지고, 많은 사람에게 AI를 '만드는' 작업이 더 간편한 것이 되었다.

게다가 GUI 기반 AI 구축 환경은 이과형 AI 인재가 아니라도 사용할 수 있다. 문과형 AI 인재만으로도 AI 모델을 만드는 일이 앞으로는 더 늘어날 것 같다.

식별형 AI를 만드는
방법을 이해한다

식별형 AI 활용을 돌아보자

앞에서 예측형 AI 만드는 방법을 설명했다. 이제 식별형 AI를 만드는 방법을 설명하겠다. 예측형 AI를 구축하는 작업 흐름을 기본으로 하므로, 식별형 AI에 관한 해설은 식별형의 고유한 포인트를 중심으로 요점을 배우자.

식별형 AI를 만들기 전에 식별형 AI가 어떻게 활용되는지를 돌아보며 이미지를 머릿속에 떠올려보자.

식별형×대행형 AI 활용 사례

- 24시간 체제로 실시하는 NG 이미지 검열

- 불량품 분류 작업

- 테마파크에서 얼굴 인증으로 입장

- 계산대 없는 점포에서 상품 취득 인지

- 송전선 사진을 보고 상태 검출

식별형×확장형 AI 활용 사례

- 의료 현장에서 검사 정확도 향상

- 대량의 동영상에서 정보 자동 추출

식별형 AI를 만드는 작업 흐름

식별형 AI에는 크게 2가지 기능이 있다. 하나는 물체를 찾아내는 '물체 검출'이고 또 하나는 검출한 물체가 무엇인지 맞히는 '이미지 판정'이다.

- 물체 검출에서는 이미지와 동영상에서 특정 물체를 찾아낸다
- 이미지 판정에서는 이미지로부터 어떤 물체인지를 맞힌다

식별형 AI를 만드는 큰 흐름은 예측형 AI를 만드는 방법과 거의 같다. 다만 식별형 AI만의 고유한 단계도 있다. 이제부터 식별형 AI를 만드는 방법의 흐름을 살펴보자(《도표 4-18》).

기획

① AI 플래닝

〈도표 4-18〉식별형 AI를 만드는 방법: 물체 검출 및 판정 AI의 사례

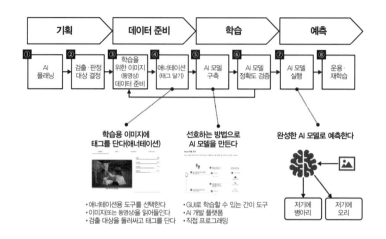

② 검출·판정 대상 결정

데이터 준비

③ 학습을 위한 이미지(동영상) 데이터 준비

④ 애너테이션(태그 달기)

학습

⑤ AI 모델 구축

⑥ AI 모델 정확도 검증

예측

⑦ AI 모델 실행

⑧ 운용·재학습

식별형 AI는 주로 사람 눈을 대신한다. 때로는 사람이 보고 구분할 수 없는 대상을 정확하게 판독할 수도 있다. ① AI 플래닝에서는 식별형 AI의 특성을 바탕으로 어떤 목적으로, 어떤 AI 기능을 만들지를 계획한다.

AI 플래닝에서 큰 틀의 방침을 정했으면 ② 검출·판정 대상 결정을 수행한다. AI가 무엇을 구분할지를 구체적으로 결정한다. 검출·판정 대상의 예로는 다음과 같은 것이 있다.

- 특정 인물의 얼굴 식별

- 성별·연령대 식별

- 동물·생물 식별

- 불량품 식별

- 암세포 식별

검출·판정 대상을 정했으면 다음으로 ③ 학습을 위한 이미지(동영상) 데이터 준비를 한다. 물체를 검출해서 이미지에서 판정하는 학습을 위한 재료가 되는 데이터를 수집한다. 이미지 검출·판정이라면 이미지 데이터 집단을 준비하고, 동영상에서 검출·판정한다면 동영상 데이터를 준비한다.

학습을 위한 이미지(또는 동영상) 데이터를 준비했다면 ④ 애너테이션(태그 달기) 작업으로 이동한다. Annotation, 애너테이션은 원래 주석·주기라는 의미이지만, AI 세계에서는 학습 데이터를 작성하기 위한 태그 달기 작업을 가리킨다. 태그는 예를 들어 이미지 안에 자동차가 있을 때, 자동차가 있는 주변을 둘러싸서 '자동차'라고 표기하는 것을 가리킨다(《도표 4-19》). 애너테이션을 수행하기 위한 도구도 몇 가지 공개되어 있으므로 선택해서 이용한다. 애너테이션 작업은 어느 정도 효율도 추구할 수 있지만, 사람 손과 시간이 필요한 작업이니 시간과 노력이 필요하다.

애너테이션 도구에는 식별형 AI를 만들기 위한 GUI 기반 AI 구축 환경, 예를 들어 구글의 AutoML Vision이나 아베자 플랫폼 등을 포함한다. 반면에 단독으로 있는 애너테이션 도구, 예를 들어 labelIMG나 Microsoft/VoTT 같은 것이 있다.

④ 애너테이션(태그 달기)은 식별형 AI에서 가장 중요한 단계이다. 식별형 AI가 정확도를 높이려면 학습 데이터가 대량으로 필요하다. 애너테이션 작업에는 사람 손과 시간이 필요하므로 외주 작업이 많은 분야이다.

애너테이션이 끝난 학습 데이터를 준비했으면 ⑤ AI 모델 구축으로 이동한다. 예측형 AI와 같이 AI 모델을 구축하려면 GUI 기반 AI

〈도표 4-19〉 애너테이션 도구의 예: 구글 AutoML Vision

• 출처: https://cloud.google.com/vision/automl/object-detection/docs/label?hl=ko
• Google and the Google logo are registered trademarks of Google LLC, used with permission.

구축 환경, 코드 기반 AI 구축 환경, 아무것도 없는 상태에서 AI 만들기라는 3가지 선택지가 있다. GUI 기반 AI 구축 환경을 선택하면 구글과 그 밖의 여러 서비스가 있다. 태그 정보를 부여한 이미지 혹은 동영상 데이터를 바탕으로 GUI를 조작해서 AI 모델을 구축한다.

AI 모델을 완성했으면 ⑥ AI 모델 정확도 검증을 한다. 식별형 AI도 예측형 AI처럼 정확도 검증을 할 때 정답률과 AUC를 주로 이용한다. 예를 들어 AI가 학습한 데이터와는 다른 사진을 준비해 자동차 사진이 100장 있는 중에서 95장이 자동차라고 예측했다면, 정답률은 95%가 된다. 또한 자동차라고 맞히는 비율과 자동차 이외의 것이라 판정하는 비율이 치우쳐 있지 않는지를 AUC로 심사한다. 검출하고 판정하고 싶은 물체마다 정답률과 AUC를 산출한다. 전체적으로 검출·판정하는 물체의 합계 값을 평균으로 내면, 식별형 AI 모델로서의 정확도를 수치화할 수 있다.

AI 모델의 정확도 검증을 거쳐 실용 수준이 되었다고 판단하면 ⑦ AI 모델 실행으로 이동한다. 학습하지 않은 이미지와 동영상을 AI에게 전달해 대상물을 검출·판정한다.

AI 모델의 ⑧ 운용·재학습에서는 일상의 시스템과의 연계를 마친 AI를 운용·보수한다. 또한 학습한 데이터가 오래되어 AI 모델의 정확도가 떨어졌다고 파악한 단계에서 새로운 데이터로 재학습한다.

대화형 AI 만드는
방법을 이해한다

대화형 AI의 동작 원리를 돌아보자

먼저 대화형 AI가 어떻게 활용되는지를 돌아보자.

대화형×대행형 AI 활용 사례

- 시설 내에서 대화로 안내

- 음성으로 주문 대응

- 챗봇과 음성으로 콜센터 대응

- 사내 내선전화 연결

- 대화 음성을 텍스트로 입력하고 요약

대화형×확장형 AI 활용 사례

- 전문가 대체

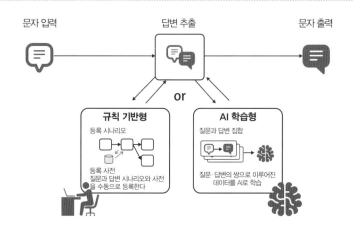

- 대화로 감정 분석

- 다양한 언어로 대화

사람과 AI의 대화를 만들어내는 대화형 AI에서 가장 대표적인 것은 문자로 이루어진 대화를 제어하는 챗봇이라 할 수 있다. 챗봇을 축으로 해서 대화형 AI의 동작 원리를 살펴보자(〈도표 4-20〉). 대화형 AI는 어떤 질문을 입력받으면 답변을 추출해서 적절하게 출력한다.

대화형 AI의 대표라고 할 수 있는 챗봇에는 크게 2가지 종류가 있다. 다음을 보자.

첫 번째는 규칙 기반형이다. 규칙 기반형 타입은 사람이 대화 시

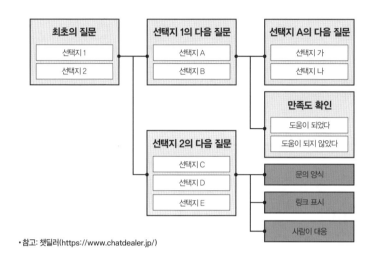

최초의 질문	선택지 1의 다음 질문	선택지 A의 다음 질문
선택지 1	선택지 A	선택지 가
선택지 2	선택지 B	선택지 나

만족도 확인
도움이 되었다
도움이 되지 않았다

선택지 2의 다음 질문
선택지 C
선택지 D
선택지 E

문의 양식

링크 표시

사람이 대응

• 참고: 챗딜러(https://www.chatdealer.jp/)

나리오를 입력한다. 이런 질문이 오면 저런 답변을 내보낸다는 정보를 하나하나 등록한다. 하나의 질문이 끝나면 다음에 어떤 대화를 계속할지도 수동으로 등록한다(〈도표 4-21〉). 유의어를 입력해 단어 사전을 등록하면 일정한 양의 질문 안에서의 단어 변화를 대응할 수 있다.

두 번째 종류는 AI 학습형인데, 질문 문장과 답변 문장으로 이루어진 페어 데이터[10](〈도표 4-22〉)를 많이 준비해서 AI를 학습시키는 타입이다. 질문 문장과 답변 문장의 대량 페어 데이터가 만들어지고,

---

10 　Pair Data, 질문 문장과 답변 문장이 짝을 이루는 데이터이다.

〈도표 4-22〉 AI가 학습하기 위한 페어 데이터의 예

질문	답변
패스워드를 잊어버렸는데 어떻게 하면 좋을까요?	ID로 등록한 메일 주소를 '패스워드를 잊었다면?' 페이지에 입력해주세요.
사이즈가 맞지 않아서 반품하고 싶은데 가능할까요?	반품하고 싶은 상품과 태그, 납품서를 동봉해서 아래 주소로 보내주세요.

〈도표 4-23〉 대화형 AI의 동작 원리: 음성으로 대화

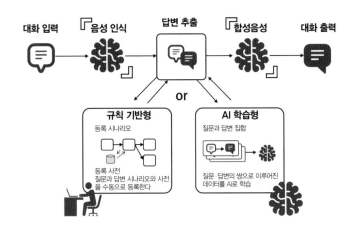

표현이 가까운 질문 문장과 유의어 등록 데이터도 준비하고 그 데이터를 AI가 학습한다.

질문 문장과 답변 문장의 페어 데이터가 대량으로 있으면, AI 학습형을 채택해 시나리오 하나씩 입력하는 수고를 덜 수 있고, 올바른 답변률(정답률)도 올라가는 경우가 많다. 다만 질문 문장과 답변 문장의

166

페어 데이터가 적으면, 질문과 시나리오를 세세하게 제어할 수 있는 규칙 기반형에서 수동 입력하는 편이 더 적당할 때도 있다.

또한 대화형 AI는 입력과 출력이 음성인 때도 있다. 그렇다면 지금까지 이야기한 동작 원리를 기본으로 해서 대화 입력 데이터를 음성인식하는 AI와 대화를 합성음성으로 출력하는 구조를 더한다(〈도표 4-23〉).

대화형 AI를 만드는 작업 흐름

다음은 AI 학습형으로 대화형 AI를 만드는 방법의 작업 흐름을 설명하겠다(〈도표 4-24〉).

기획

① AI 플래닝

② 인간에게 단계적으로 확대하도록 설계

데이터 준비

③ 학습 데이터 준비

④ 질문과 비슷한 표현과 유사어 등록

학습

⑤ AI 모델 구축

〈도표 4-24〉 대화형 AI를 만드는 방법: AI 학습형

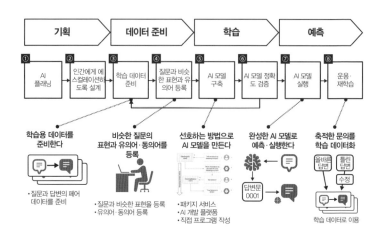

⑥ AI 모델 정확도 검증

예측

⑦ AI 모델 실행

⑧ 운용 · 재학습

　　예측형 AI나 식별형 AI와 마찬가지로 ① AI 플래닝부터 시작한다. 작성하는 대화형 AI에 따라 어떤 과제나 불편을 해결할지 기획·입안한다. 여기서 중요한 것은 '그 시점의 대화형 AI가 어디까지 가능하고 어디부터 불가능한지?'를 파악해두는 것이다. 현대의 대화형 AI는 복잡한 질문과 그 답변을 높은 정확도로 주고받는 것과 완전히 새로운

타입의 질문에 대응하는 것이 서툴다. 고객과의 대화에서 부조화가 발생하지 않도록 설계 단계에서 이용 용도와 할 수 있는 일·못하는 일을 비교해두자.

② 인간에게 단계적으로 확대하도록 설계에서는 '어디까지 가능하고 어디부터 불가능한지?'를 파악한 다음에 인간과의 '함께 일하는 설계'를 수행한다. 앞서 언급한 대로 현 단계의 많은 대화형 AI는 복잡한 질문과 새로운 질문에 대해 틀리게 답변하거나 애초부터 알아듣지 못해서 질문을 인식하지 못하는 일이 있다.

이런 경우 AI에서 사람으로 대응을 넘겨주는 것이 필요해진다. 특히 대화 중에 오류가 허용되지 않는 콜센터 업무, 주문 업무, 전화 연결 업무 등은 대화형 AI가 대응할 수 없을 때를 대비해 일정한 숫자의 사람이 대기하고 있으며, 대화형 AI가 수행한 부분까지의 대화 내용을 이어받아 사람이 대응하도록 업무를 설계해야 한다.

③ 학습 데이터 준비에서는 질문과 답변의 페어 데이터를 준비한다. 과거에 주고받았던 질문과 답변 기록을 데이터화하거나 페어 데이터가 부족하면 예상 질문과 답변 데이터를 새로 작성한다.

④ 질문과 비슷한 표현과 유사어 등록에서는 같은 것을 물어보지만, 질문의 표현이 약간 다른 경우에도 적절하게 답변할 수 있도록 비슷한 표현의 질문 문장을 준비해서 등록한다. 예를 들어 '전에 샀던 의자를 반품하고 싶은데 어떻게 하면 될까요'라는 질문과 비슷한 표현을 가진 '전에 의자를 샀는데 반품하고 싶습니다. 어떻게 하면 좋을

까요', '의자를 지난주에 샀는데 반품하고 싶습니다' 등 같은 의미이지만 다른 표현을 사용하는 질문 문장을 등록한다. 대강의 표현 패턴을 입력할 수 있으면 AI나 그 밖의 기능을 사용해 약간 다른 뉘앙스로 질문받은 내용에 관해서도 올바르게 인식할 수 있다. 또한 단어의 미세한 차이도 인식해서 처리할 수 있게 유의어도 등록한다.

예를 들면 '의자'의 유의어로 '체어', '스툴' 등을 등록한다. 특히 대화형 AI를 도입하는 서비스에서 중요한 단어를 등록해야 한다.

데이터 준비를 마쳤으면 ⑤ AI 모델 구축이다. AI 모델 구축은 선호하는 방법을 선택하면 되지만, 이번 AI 학습형의 대화형 AI는 실제 언어 처리 기술 장벽을 생각하면 이미 만들어진 AI 서비스를 사용하는 편이 현실적이다. 마이크로소프트와 구글, 아마존, 라인과 같은 플랫폼 기업 등이 제공하는 서비스를 이용하면 된다.

AI 모델 구축이 끝나면 ⑥ AI 모델 정확도 검증을 수행한다. 대화형 AI의 정확도 검증은 학습에서 사용하지 않은 데이터를 사용한다. 준비한 질문에 대해 어느 정도 적절한 답변을 했는지로 정답률을 측정한다. 실제로 운용하기 전에는 예상 질문을 무작위로 작성해서 적절한 답변인지를 확인해 측정한다. 운용 후의 정확도 검증은 실제 고객의 질문에 적절하게 답변한 비율로 측정한다.

정확도 검증이 끝나고 공개할 수 있는 수준에 도달했으면 ⑦ AI 모델 실행으로 이동한다. '② 인간에게 단계적으로 확대하도록 설계'한 것에 따라 대화형 AI가 대응할 수 없을 때의 대타로 사람이 대기해야 하면, 인원을 준비해둔다. 대부분 원래 사람이 하던 업무를 대화형 AI가 대체하였기 때문에 AI가 맡기 전에 업무를 담당하던 사람을 배치하면 된다.

⑧ 운용·재학습에서는 서비스에 대화형 AI를 도입해 실제로 운용한다. 운용 개시 후에는 실제 고객과 주고받은 질문과 답변의 실적 데이터를 AI 학습에 활용한다. 올바르게 대응한 질문과 답변의 페어 데이터는 그대로 학습 데이터에 반영한다. 잘못된 답변은 필요한 만큼 고친 다음 학습 데이터로 이용한다.

이런 흐름으로 대화형 AI를 완성한다. 특히 언어처리 부분은 사람에 따라 내용까지 손댈 수 있는 영역이 아니다. 그러므로 질문과 답변의 페어 데이터를 어떻게 대량으로 수집할지, 또 사람과 일하도록 설계된 AI와 사람이 힘을 모아 업무 프로세스를 어떻게 최적으로 조합할지에 힘을 쏟아야 할 것이다.

실행형 AI를 만드는 방법을 이해한다

실행형 AI는 여러 AI의 조합이다

마지막으로 실행형 AI를 만드는 방법을 소개한다. 먼저 실행형 AI에는 어떤 사례가 있는지 복습하자.

실행형×대행형 AI 활용 사례

- 자동운전

- 공장 안에서 작업

- 창고 안에서 작업

- 데이터 입력 작업

- 로봇으로 매장 안내

실행형×확장형 AI 활용 사례

- AI로 드론의 기능을 확장

- 자립형 기계 제어

실행형 AI는 지금까지 소개한 예측형 AI, 식별형 AI, 대화형 AI를 조합해서 만드는 경우가 많다. 예를 들어 로봇으로 매장을 안내하는 사례를 통해 살펴보자. 식별형 AI가 카메라를 통해 사람을 인식해서 성별과 나이를 추정하고, 예측계 AI가 과거 거래 데이터로부터 다음에 필요로 하는 내용을 산출해서 접객 내용을 바꾼다. 그리고 대화형 AI가 이동하면서 음성 대화로 고객을 유도한다. 이런 형태로 각 AI를 조합한다.

실행형 AI를 제어하는 강화 학습의 원리

실행형 AI는 여러 타입의 AI를 조합해서 구성하는 경우가 많지만, 이번에는 앞에서 소개한 강화 학습을 중심으로 하는 단순한 형태의 실행형 AI를 분석해보자. 실행형 AI는 강화 학습을 중심으로 사용해서 물체를 적절하게 움직이는 것을 가능하게 한다.

강화 학습을 하는 실행형 AI의 예로 아마존의 AWS DeepRacer, AWS 딥레이스서 사용해 설명하겠다. AWS 딥레이서는 강화 학습으로 구동하는 1/18 스케일의 완전 자율주행 경주용 차이다. 컴퓨터 화면으로 보이는 3D 레이싱 시뮬레이터로 학습을 진행하고 실제 세상에서도 경주 대회를 열고 있다. 이 경주용 차는 실용성이 있는 것이 아니며, 어디까지나 강화 학습을 배우기 위한 도구로 준비된 것이다.

강화 학습이 어떤 것이었는지 복습해보자.

- 강화 학습은 보상과 벌칙을 사용하는 학습법으로, 좋은 선택을 반복하게 만든다
- 강화 학습은 여러 선택을 조합하여 결과를 내는 종합적인 대답(결과로서 적절한 상태)을 끌어내는 학습이다
- 강화 학습에서는 에이전트가 행동을 선택해서 환경으로부터 보상을 받는다

1/18 스케일로 만든 경주용 차인 딥레이서는 보상과 벌칙 개념을 사용한 강화 학습을 통해 코스 위를 깔끔하게 달리게 된다. 이 경주용 차 사례에서의 에이전트, 행동, 환경은 다음과 같다.

- 에이전트: 경주용 차
- 행동: 주행
- 환경: 코스 위의 세계

이번 예시의 실행형 AI가 사용하는 강화 학습에서는 '경주용 차(에이전트)'가 '주행(행동)'을 선택해서 '코스 위 세계(환경)'로부터 보상을 받는다. 그리고 강화 학습의 결과로서 코스 위를 깔끔하게 달리

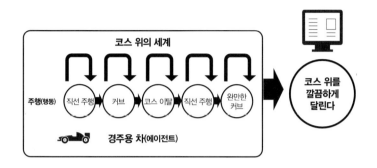

게 된다(〈도표 4-25〉).

경주용 차는 코스 위 세계에서 출발 지점부터 주행을 시작하고, 주행 개시 후에는 코스 위에서 어떤 지점에 어떤 상태로 있는지를 카메라로 관측한다. 상태 관측을 통해 다음 커브에 들어설 타이밍에 어떻게 주행할지(감속 타이밍, 스피드 조정, 커브 각도) 등을 결정해서 행동한다. 그 행동의 결과로 코스 위에서 적절한 장소에 있는지를 판단한다. 만약 코스를 벗어났다면 벌칙을 부여하고, 코스 안에서 최단 거리로 달리고 있다면 보상을 부여한다.

이처럼 보상과 벌칙을 부여하여 학습시키면, 경주용 차가 코스 위에서 어떤 상태인지를 관측하고 그 상태에 맞는 적절한 주행을 선택할 수 있게 된다.

실행형 AI를 만드는 작업 흐름

실행형 AI를 만드는 강화 학습 개념은 잘 이해했다고 믿는다. 이어서 실행형 AI 만드는 방법의 흐름을 살펴보자(〈도표 4-26〉).

기획

① AI 플래닝

② 보상과 벌칙 설계

데이터 준비

③ 시뮬레이터 세트업

④ 학습을 위한 설정

학습

⑤ AI 모델 구축

⑥ AI 모델 정확도 검증

예측

⑦ AI 모델 실행

⑧ 운용·재학습

이러한 흐름을 경주용 차를 예로 들어 설명하겠다.

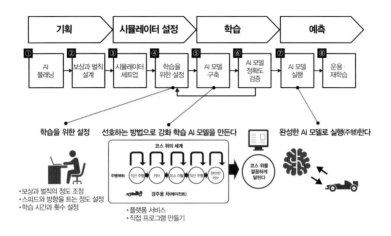

① AI 플래닝에서는 실행형 AI를 어디에 사용할지 결정한다. 이 번 예에서는 경주용 차를 코스 위에서 더 빠르고 적절하게 달리는 데 이용한다.

② 보상과 벌칙 설계에서는 어떤 상태에서 보상을 주고, 어떤 상 태에서 벌칙을 주는지를 결정한다. 보상과 벌칙, 각각에 대해 어떤 상황에서 어느 정도로 할지와 같은 기본 규칙을 결정한다.

실행형 AI가 예측형 AI, 식별형 AI, 대화형 AI와 크게 다른 점은 시뮬레이터의 존재이다. 실행형 AI는 실제 세계에서 가동하기 전에 컴퓨터의 시뮬레이터 안에서 시험적으로 작동시켜서 학습 정확도를 높일 수 있다. ③ 시뮬레이터 세트업에서는 시험적으로 작동시키고 학습시킬 장소를 준비한다.

〈도표 4-27〉 컴퓨터에서 사용하는 시뮬레이터 화면

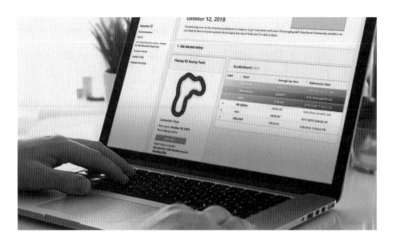

· 출처: https://aws.amazon.com/ko/deepracer/

④ 학습을 위한 설정에서는 준비한 시뮬레이터 환경에서 더 좋은 결과를 내도록 보상과 벌칙의 정도를 조정하거나, 각종 파라미터 값을 조정한다. 파라미터 조정의 예는 코스 안에 계속 머무를 때의 보상 정도와 코스 이탈했을 때의 벌칙 정도를 결정하거나, 최대 속도와 최소 속도, 커브의 방향을 트는 각도의 최댓값과 최솟값, 학습 횟수와 시간제한 등을 결정하는 것을 들 수 있다.

⑤ AI 모델 구축에서는 시뮬레이터에서 실제로 학습시킨다. 컴퓨터 시뮬레이터 안 가상 환경에서 에이전트인 경주용 차를 달리게 한다. 먼저 아무것도 학습하지 않은 상태로 경주용 차를 달리게 해서 코스 안을 잘 달리면 보상을 주고, 코스를 벗어나면 벌칙을 주는 학

습을 시킨다. 이렇게 시뮬레이터에서 학습을 반복하면 주행 정확도를 높일 수 있다.

⑥ AI 모델 정확도 검증에서는 정해진 코스에서 '몇 초 만에 골인했는지'를 지표로 해서 그 점수를 확인한다. 코스를 벗어난 횟수 등도 정확도 검증 지표로 한다. 학습을 반복하면 어느 정도 개선되는지도 확인한다. 파라미터를 바꾸지 않고 학습을 반복해도 언젠가는 개선 한계에 도달한다. 학습효과가 더는 없다고 판단했으면, 각종 설정값을 변경해서 정확도 향상을 목표로 한다.

⑦ AI 모델 실행에서는 시뮬레이터에서 학습시킨 경주용 차를 실제 코스에서 달리게 한다.

⑧ 운용·재학습에서는 실제 코스를 달린 결과, '점수가 어떻게 되었는지' '시뮬레이터 주행과 차이가 나는지' 등을 확인하고, 시뮬레이터에서 다시 학습시켜서 정확도를 높여가는 것을 반복한다.

이런 흐름으로 강화 학습을 시키면 실행형 AI의 메인 역할인 물체 제어를 수행할 수 있다.

제5장

STEP ③

AI 기획력을
연마하자

HOW
AI & THE HUMANITIES
WORK TOGETHER

AI 기획을 위한
100번의 도전

문과형 AI 인재에게 필요한 STEP ① AI에 관한 기본 지식을 통째로 기억하자, STEP ② AI를 만드는 방법의 큰 그림을 이해하자를 배웠다. 이제 STEP ③ AI 기획력에 관해 배워보자.

상상할 수 있는 것은 현실이 된다고 생각하자

AI가 이렇게 진화할 것이라고 10년 전에 예상한 사람이 얼마나 있었을까?

현대의 AI가 과거 SF 영화에서 묘사하던 미래의 일부를 현실로 만들었다. 앞으로의 AI 발전과 사회에 적용하는 것이 진행됨에 따라 과거의 상상이 점점 현실 세계에서 실현될 것이다. 프랑스 소설가 쥘 베른은 '인간이 상상할 수 있는 것은 반드시 인간이 실현할 수 있다'라는 말을 남겼는데, AI에게도 같은 말을 할 수 있다. 인간이 상상할 수 있는 것은 언젠가 AI가 실현할 것을 전제로, 아이디어를 작게 만들어서는 안 된다는 것을 염두에 두고, AI 기획을 시작해보자.

AI가 만드는 새로운 세계를 자유롭게 상상하는 것부터 시작하자. 그러면 AI 도입의 영향 및 변화량을 더 크게 만드는 아이디어를 생각해내기 쉬울 것이다.

AI 기획 100개에 도전하라

AI를 도입해서 고객과 기업, 종업원 등에 큰 변화를 일으키려면 자유롭게 상상하는 것이 중요하다. 뿐만 아니라 상상하는 아이디어의 '개수'도 중요하다. AI는 다양한 것을 가능하게 해준다. '누구를 위해 AI를 사용하는가', '무엇을 위해 사용하는가' 등을 생각할수록 AI를 활용하는 아이디어가 많이 나올 수 있다.

그래서 필자가 추천하는 것은 'AI 기획 100개'이다. 상상력을 크게 키워 AI로 할 수 있는 것과 해야 하는 것을 어쨌든 많이 생각해내자. 입장이 다른 여러 사람이 서로 아이디어를 내어 다양한 시점의 아이디어를 50~100개 정도 모아보자. 그러면 양산된 아이디어 중에는 세상에 큰 변화를 가져올 잠재력이 있는 아이디어가 포함되어 있을 것이다.

변화량과 실현성을 확인한다

아이디어 목록을 변화량과 실현성으로 점수를 매긴다

생각해낸 AI 아이디어를 목록으로 만들어 관리하자. 먼저 AI 활용안을 상상해서 자유롭게 키우고 아이디어를 확산해서 아이디어 개수를 확보한 다음, 실현하기 위해 아이디어를 수렴한다.

· AI 도입 후의 변화량

· 실현성

목록으로 만든 아이디어마다 'AI 도입 후의 변화량'과 '실현성' 항목으로 점수를 매긴다. 예를 들면 아이디어 1은 도입 후 변화량이 ◎이고 실현성이 △, 아이디어 2는 도입 후 변화량이 ○이고 실현성이 ○라는 식으로 상태를 점수로 입력한다. 아무리 사회에 큰 변화를 가져오는 AI 아이디어라도, 실현성이 낮다면 단기적으로는 해당 AI 아이디어를 깊게 파고들 수는 없다. 마찬가지로 실현성이 아주 높더라도 AI 도입 후의 변화량이 부족하다면 도입 점수에 대한 기대 효과는 낮을 것이므로, 이쪽도 깊게 파고들 수 없는 아이디어이다. 이런 식으로 변화량과 단기 도입의 실현성을 확인한다.

이때 중요한 것이 'AI를 과대평가도 과소평가도 하지 않는 것'이다.

이 책을 통해 독자 여러분은 AI의 기본을 알고, AI를 만드는 방법까지 이해했다. 이제부터는 구체적인 사례도 배울 것이다. 막연하게만 이해하던 AI라는 존재가 더 선명하게 보일 것이라 생각한다. AI를 잘 알면, AI가 뭐든 할 수 있다고 과대평가하는 일이 적어질 것이다. 그렇게 되면 현대의 AI로 실행하기에는 너무 현실성이 떨어지는 기획이 없어져, 실제로 사용할 수 있는 AI를 만들 수 있는 AI 아이디어가 태어난다.

다시 한번 강조하지만 AI의 기본 지식과 만드는 방법, 사례 정보를 충분하게 반영함으로써 아는 범위 안에서만 생각한다고 해도 AI 활용 아이디어가 작은 상태에 머무르는 것은 피해야 한다. AI를 아는 것의 부작용에는 AI 기획의 폭을 좁혀 중장기적으로 전개하는 AI 아이디어를 제한하게 되는 경우가 있다는 것을 인식해야 한다. 그래서 변화량이 큰 대담한 기획안을 많이 만들자. 현재 시점의 AI 실제 사용 사례로 가능한 것에만 한정하지 말고, AI를 과소평가하지 않도록 주의하자.

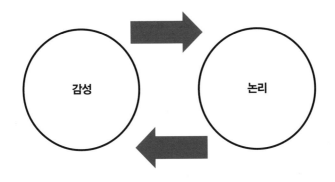

감성과 논리 사이를 자유롭게 오간다

앞에서 설명한 대로 AI에 대해 과대평가도 과소평가도 하지 않으면, 최종적으로 변화량과 실현성 양쪽을 만족하는 아이디어에 도달하기 쉬워진다. 바꿔 말하면 AI 기획은 감성과 논리를 왕래할 필요가 있다. AI는 새로운 기술이고, 현시점의 AI 활용에서는 아직 AI의 실력을 일부분밖에 끌어내지 못한 상태이다. 기존 사례의 범위에 머무르지 말고 감성으로 아이디어의 폭을 넓히고, AI 지식을 입력해서 논리적으로 판단할 수 있도록 하자.

'감성과 논리 사이를 자유롭게 왕래해 AI 기획 크기를 작게 만들지 않는다.' 이런 균형 감각을 이용해 양쪽을 다 활용하는 식으로 AI 도입 프로젝트의 가치를 높이도록 하자(〈도표 5-1〉).

AI 기획의 해상도를
높이는 5W1H

앞에서 감성과 논리 양쪽에서 접근하는 것이 AI 기획에 중요하다고
했다. 그렇다면 이제는 AI 기획을 깊게 파고들어 계획의 해상도를
높이기 위한 구체적인 단계를 소개하겠다. AI 기획을 상세하게 만드
는 단계는 〈도표 5-2〉처럼 5W1H로 나타낼 수 있다.

 AI 기획 아이디어를 양산하는 단계에서의 AI 기획은 그렇게 해상
도가 높은 상태라고 할 수 없다. 한마디로 기획이 상세하지 않고 막
연하기만 한 상태인 것이다. 5W1H를 구체적으로 하면 AI 기획을 막
연하지 않은, 선명한 상태로 만들 수 있다. 기획의 해상도가 높으면
높을수록 관계자도 잘 이해할 수 있고, 혹시 모를 프로젝트의 위험
성과 불확실성을 드러나게 할 수도 있다(〈도표 5-3〉).

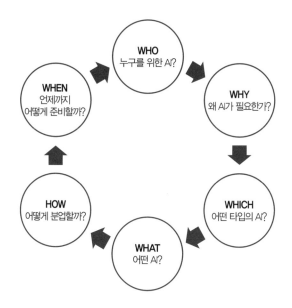

WHO: 누구를 위한 AI인가?

AI 기획의 해상도를 높일 때, 먼저 '누구를 위한 AI?'부터 정의한다. 기업 시점으로 보면 우선 큰 틀로 '고객', '거래처', '종업원' 중에서 누구를 대상으로 한 AI인지 정한다.

- 고객을 위해
- 거래처를 위해
- 종업원을 위해

〈도표 5-3〉 5W1H의 상세 지도

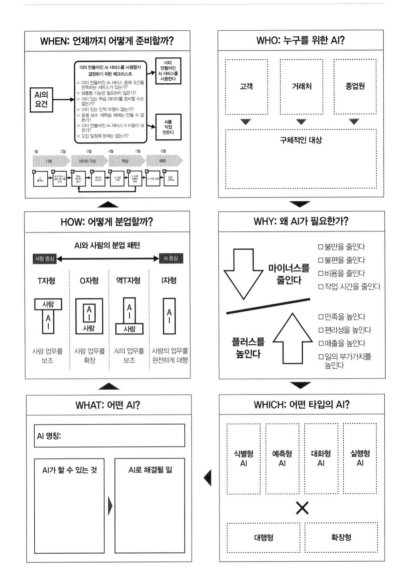

toC는 고객을 뜻하는 Customer, toB는 비즈니스 거래처를 뜻하는 Business Client, toE는 종업원을 뜻하는 Employee인데, 이러한 기업의 이해관계자 중 누구를 대상으로 하는지를 결정하자(〈도표 5-4〉).

고객, 거래처, 종업원 중 누군가를 대상으로 좁힌 다음, 한층 더 대상에 초점을 맞춘다. 예를 들어서 '고객'을 대상으로 했다면, 고객 중에서 특히 어떤 사람에게 AI를 활용하여 가치를 제공하고 싶은지, 어떤 사람의 과제와 불편을 해결하고 싶은지를 명확하게 한다. '콜센터에 문의하는 예전부터의 고객'이나 '상품을 살까 망설이는 고객' 등과 같이 미리 예상해두는 것도 좋다.

'거래처'를 대상으로 한다면, '신규 거래기업'이나 '전체 거래 중에서 상위 20%를 차지하는 기업' 등 중요한 기업에 초점을 맞추는 것도 좋다.

'종업원'을 위한 AI를 기획한다면, '누구를 위한 AI인가'를 더 상세하게 생각해보자. 종업원을 위한 AI를 도입한다면, AI와 함께 일하는 사고방식을 소개한 것처럼 AI로 인해 사람의 일하는 방식이 크게 변할 수 있다. 특히 대행형 AI는 현재 종업원의 일부 또는 전부를 대신할 수 있으므로, 그 점도 가정하여 다음 플래닝을 진행하자.

공공시설이나 학교, 그 밖의 기업 외 단체를 위해 AI를 기획할 때도 각 조직의 관계자 중에서 누구를 대상으로 AI를 제공할지를 출발점으로 하고 플래닝을 시작하자.

WHY: 왜 AI가 필요한가?

기업의 고객, 거래처, 종업원과 같은 큰 구분이나 상세하게 대상자를 좁혀서 초점을 맞추자. 기업 외 조직이 대상자라면 선정한 다음에는 '왜 AI가 필요할까?'를 생각한다.

먼저 단순한 사고법으로써 AI로 '마이너스를 줄이는 것'인지 '플러스를 높이는 것'인지를 생각한다(《도표 5-5》).

'마이너스를 줄인다'에는 불만을 줄인다, 불편을 줄인다, 비용을 줄인다, 작업 시간을 줄인다 같은 것을 들 수 있다. '플러스를 높인다'에는 만족을 높인다, 편리성을 높인다, 매출을 높인다, 일의 부가가치를 높인다를 들 수 있다.

AI처럼 새로운 기술을 사용할 때는 방법론부터 생각하느라 작은 아이디어에 머무르기 쉽다. 아이디어가 작은 상태에 머무르지 않도록 만들어야 한다. 그러기 위해 AI 기획을 생각할 때는 '왜 AI가 필요한가? 무엇을 위해 필요한가?'를 근본부터 생각하자. 그러려면 '누구

〈도표 5-5〉 WHY: 왜 AI가 필요한가?

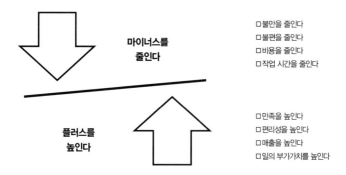

마이너스를
줄인다

□불만을 줄인다
□불편을 줄인다
□비용을 줄인다
□작업 시간을 줄인다

플러스를
높인다

□만족을 높인다
□편리성을 높인다
□매출을 높인다
□일의 부가가치를 높인다

를 위해? 왜, 무엇을 위해 AI를 사용하는가?'처럼 복합적으로 생각하는 것이 좋다. 그렇게 하면 '왜'에 대한 답이 분명해진다.

- 고객의 불만을 줄이기 위해

- 고객의 편리성을 늘리기 위해

- 거래처 기업의 비용을 낮추기 위해

- 거래처 기업과의 거래에서 매출을 늘리기 위해

- 종업원의 작업 시간을 줄이기 위해

- 종업원의 업무 부가가치를 높이기 위해

마이너스를 줄인다, 플러스를 높인다처럼 현재 상태에 대한 변화를 생각하는 방법에 해당하지는 않지만, '새로운 것을 제로 상태부터 만든다'와 같은 발상으로 기획하는 것도 좋다.

누군가를 위해 '왜, 무엇 때문에?' AI를 사용하는지를 기획하지만, 과제를 해결하려면 처음부터 'AI가 아니면 안 되는가?'를 다시 생각해보는 것도 좋다. 어쩌면 AI보다 좋은 해결방법이 있을 수도 있다. AI가 당연히 있어야 한다고 좁게 생각하지 말자. 만약 규칙 기반 프로그래밍 쪽이 하려는 일에서 간단하면서도 좋은 결과를 만들어낸다면, 그쪽을 선택하면 된다.

마이너스를 줄이든 플러스를 높이든 기대하는 변화량이 적다면, AI가 낼 수 있는 가치도 작다는 의미이다. AI를 도입해서 변화량이 커지는 과제를 찾아보자. 만일 AI를 도입해도 변화량이 적다고 판단되는 기획이라면, 기획 단계에서 실시를 뒤로 미루어야 한다. AI 도입을 목적으로 하지 말고, '왜 AI가 필요한가? 정말 필요한가?'를 스스로 묻고 답하며 기획을 다듬도록 하자.

커다란 사회 과제와 기업 과제, 많은 사람의 불편을 해소하기 위해 AI를 활용할 수 있다면, 그 AI 기획은 실현을 위해 많은 지지를 받을 것이다. 그러므로 가능한 한 큰 변화량을 만들어내는 AI를 기획한다는 것을 염두에 두자. 기업과 사회 안에서 과제의 크기와 우선순위를 생각하며, AI라는 새로운 기술을 사용해 해결해야 하는 내용을 정밀하게 심사해야 한다. 그렇게 기업과 사회에서 중요도·긴급도가 높고, 만들어내는 변화량이 큰 과제를 찾아내자.

WHICH: 어떤 타입의 AI를 원하는가?

WHO와 WHY를 정했으면, 다음은 어떤 타입의 AI를 사용할지를 정한다. 해결해야 하는 과제에 따라 활용할 수 있는 AI 타입 범위를 좁힐 수 있다. 앞에서 소개한 식별형 AI, 예측형 AI, 대화형 AI, 실행형 AI라는 분류에 대행형, 확장형을 곱해서 얻은 8가지 AI 타입(《도표 5-6》)에서 적당한 유형을 지정해보자. 각각의 AI 타입 유형을 예를 들면 다음과 같다.

- 고객의 불만을 줄이기 위해 실행형×대행형 AI를 사용한다
- 고객의 편리성을 늘리기 위해 대화형×확장형 AI를 사용한다

〈도표 5-6〉 WHICH: 어떤 타입의 AI?

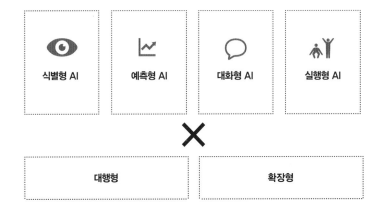

제5장 STEP ③ AI 기획력을 연마하자

- 거래처 기업의 비용을 낮추기 위해 식별형×대행형 AI를 사용한다

- 거래처 기업과의 거래에서 매출을 늘리기 위해 예측형×대행형 AI를 사용한다

- 종업원의 작업 시간을 줄이기 위해 대화형×대행형 AI를 사용한다

- 종업원의 업무 부가가치를 높이기 위해 예측형×확장형 AI를 사용한다

이렇게 '누구를 위해, 왜? 무엇을 위해, 어떤 타입의 AI를 사용하는가?' 같은 내용을 생각하면 AI 기획을 더욱 깊고 상세하게 만들 수 있다.

여기까지 오면 머릿속의 AI 이미지가 상당히 선명해졌을 것이다. 다음 단계에서는 어떤 AI인지를 결정하자.

WHAT: 어떤 AI?

어떤 타입의 AI를 만들지 계획했다면, '어떤 AI인가?'를 구체화한다. 이를 구체화하려면 ① AI의 명칭, ② AI가 할 수 있는 일, ③ AI로 해결할 일을 〈도표 5-7〉처럼 기록하면 된다.

예를 들어 '종업원 업무의 부가가치를 높이려고 예측형×확장형 AI를 사용한다'라는 아이디어라면, 〈도표 5-8〉과 같은 내용이 된다(〈도표 5-8〉).

콜센터의 호출량을 예측하는 AI라서 명칭을 'AI 호출량 예측 씨'라고 이름 붙였다. 필자는 자주 AI를 의인화해서 이름 붙인다. 재미있고 흥미로운 이름을 붙인 AI는 현장에서 좀 더 친근하게 받아들

〈도표 5-7〉 WHAT: 어떤 AI?

AI 명칭:

AI가 할 수 있는 것	AI로 해결될 일

〈도표 5-8〉 '어떤 AI?'의 예시

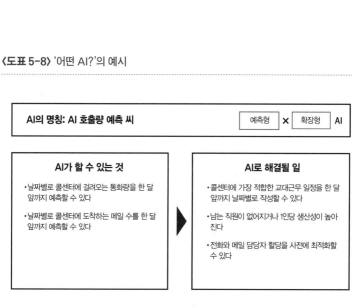

AI의 명칭: AI 호출량 예측 씨   예측형 × 확장형 AI

AI가 할 수 있는 것
- 날짜별로 콜센터에 걸려오는 통화량을 한 달 앞까지 예측할 수 있다
- 날짜별로 콜센터에 도착하는 메일 수를 한 달 앞까지 예측할 수 있다

AI로 해결될 일
- 콜센터에 가장 적합한 교대근무 일정을 한 달 앞까지 날짜별로 작성할 수 있다
- 남는 직원이 없어지거나 1인당 생산성이 높아진다
- 전화와 메일 담당자 할당을 사전에 최적화할 수 있다

여지기 쉬워진다. 그러므로 되도록 친숙한 이름을 AI에 붙이면 좋을 것이다.

명칭을 붙였다면 'AI가 할 수 있는 것'을 기록한다. 무엇을 할 수 있는 AI인지 가능한 한 자세하게 기록한다. 사용하려는 AI가 예측형 AI라면 어떤 단위로 언제까지 예측할 수 있는 것인지도 세세하게 정의해두는 것이다.

AI가 할 수 있는 것을 기록한 다음에는 'AI로 해결될 일'을 기록한다. WHO, 정의한 대상과 WHY, 무엇을 위해 AI를 만드는가를 비교해 그 내용을 만족시키는지도 확인한다.

WHAT의 단계에서는 가능한 한 많은 의견을 내는 것이 좋다. '어떤 AI인가?'를 생각할 때는 '무엇을 어디까지 할 수 있는 AI를 만들어야 할까?'에 관한 의견을 가능한 한 구체적으로 내도록 하자. 구체적인 의견을 많이 내면 낼수록 새로운 아이디어를 만들 수 있고, 동시에 실현성을 더해 아이디어를 추릴 때 유력한 의견의 개수를 확보할 수 있다.

HOW: 어떻게 분업할까?

'어떤 AI인가?'가 분명해졌으면 AI가 사람과 '어떻게 분업할까?'를 정한다. AI와 사람의 분업은 AI에 일을 맡기는 정도에 따라 여러 패턴이 있다고 앞서 소개했다. AI가 업무에 관여하는 패턴은 〈도표 5-9〉와 같다.

〈도표 5-9〉 HOW: 어떻게 분업할까?

I자형 외에는 사람과 AI가 함께 작업한다. 어디까지를 사람이 담당하고, 어디부터를 AI가 맡을지를 생각해 분업 이미지를 만들어두자. 그러면 모든 업무를 AI가 담당하는 것으로 설계하지 않아도 되므로, AI를 실제로 운용할 때의 어려움도 줄어든다. 그리고 AI의 정확도를 높이는 것도 한계가 있으므로 현실적인 범위에서 정확도를 높이고, 부족한 부분은 사람이 보완하는 방식으로 업무를 설계해두면 된다.

다음에 나오는 도표는 T형, O형, 역T형, I형에서 사람과 AI의 분업 흐름을 구체적인 예로 소개하고 있다(〈도표 5-10〉, 〈도표 5-11〉, 〈도표 5-12〉, 〈도표 5-13〉).

〈도표 5-10〉 T자형, AI가 사람의 일을 보조: 챗봇의 1차 대응 사례

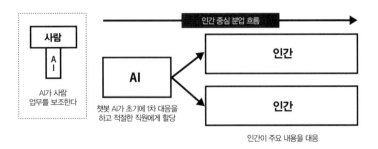

〈도표 5-11〉 O자형, AI가 사람의 일을 확장: 운반 트럭용 최적 경로 AI 사례

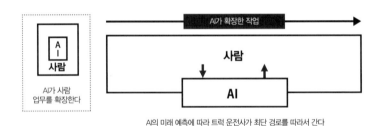

〈도표 5-12〉 역T자형, 사람이 AI의 일을 보조: 음성 받아쓰기 AI 사례

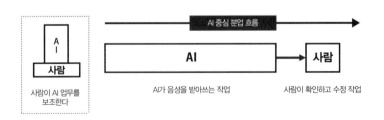

〈도표 5-13〉 I자형, AI가 사람의 일을 완전하게 대행: 심야 시간대 감시 업무 AI 사례

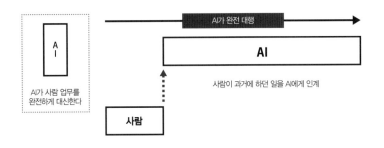

WHEN: 언제까지 어떻게 준비할까?

마지막으로 WHEN, 언제까지 어떻게 준비할까?를 계획한다. 먼저 '사용할지, 만들지'에 관한 방침을 결정해야 한다. 이미 제공하고 있는 만들어진 AI 서비스를 사용할지, 아니면 직접 AI를 만들지를 결정한다. 이제까지 다듬어 온 기획에 맞는 만들어진 AI 서비스가 있다면 검토해보자.

AI의 스펙이 하고 싶은 것과 일치하는 '이미 만들어진 AI 서비스'는 초기 구축 비용과 운용비가 저렴한 경우가 많다. 또한 재학습 등의 정기 관리도 서비스 공급업자에 의지할 수 있으므로 안심하고 AI를 도입할 수 있다.

이미 만들어진 AI 서비스를 사용할지, 직접 AI를 만들지를 검토할 때는 〈도표 5-14〉 같은 체크리스트를 확인하면 된다. AI를 만든다면 직접 프로그래밍해서 AI 모델을 만들지, GUI 도구로 AI 모델을

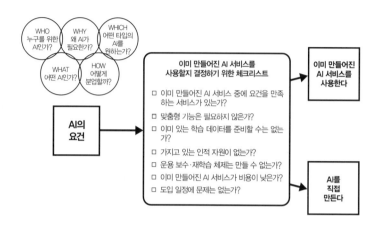

만들지에 따라 난이도와 일정이 달라진다. 그러므로 AI의 요건과 자사 상황을 생각해서 선택한다.

AI를 사용한다면 선택지가 많다. 각 회사의 이미 만들어진 AI 서비스로 무엇을 할 수 있는지, 비용은 어느 정도인지 파악해 자사에 최적인 서비스를 선택하자(〈도표 5-15〉는 아마존 서비스 예).

AI를 어떻게 준비할지 결정했다면 일정 계획을 세운다. 이미 만들어진 AI 서비스라면 각 서비스 도입 단계와 기간에 맞춰 계획을 세워야 한다. 서비스 제공 회사와 상담하는 것을 추천한다.

직접 AI를 만든다면, 스스로 프로젝트 일정을 세워야 한다. 먼저 대강의 AI 구축 프로젝트 일정을 〈도표 5-16〉처럼 단계별로 세운다. 그리고 프로젝트를 진행할 때는 〈도표 5-17〉처럼 상세한 단계로 일

〈도표 5-15〉 아마존의 이미 완성된 AI 서비스 사례

	식별형 AI	예측형 AI	대화형 AI
대행형	**이미지 식별** 아마존 Rekognition(이미지) 이미지를 분석해서 대상물, 사람, 텍스트, 장면, 행동, 부적절한 콘텐츠까지 검출. 얼굴 인식·얼굴 분석도. **AI로 OCR** 아마존 Textract 불과 몇 시간 만에 텍스트와 데이터를 수백만이나 되는 문서에서 자동으로 추출해서 수작업을 줄인다.	**AI로 감정 해석** 아마존 Comprehend 자연언어 처리를 사용해서 개체 추출과 감정 분석. 구조화되지 않은 텍스트에서 인사이트와 관계성을 추출.	**문장을 음성으로 변환** 아마존 Polly **음성을 AI로 텍스트 변환** 아마존 Transcribe 음성을 텍스트로 변환하는 기능. 예: AI를 활용한 문의 센터. **대화형 에이전트** 아마존 Lex 대화형 에이전트를 간단하게 구축. 컨택센터 효율을 개선.
확장형	**동영상 인식** 아마존 Rekognition(동영상) 동영상을 분석해서 장면에 포함된 여러 인물의 동선을 파악할 수 있다. 예를 들면, 운동선수의 시합 중 움직임을 검출해서 시합 후에 플레이를 분석할 때 사용.	**수요 예측 엔진** 아마존 Forecast 아마존닷컴에서 사용하는 것과 같은 머신러닝 예측기술을 바탕으로 정확한 예측 모델을 구축한다. **개인화** 아마존 Personalize 아마존닷컴에서 사용하는 것과 같은 추천 기능을 사용해서 고객에 맞게 개인화한다.	**자동번역** 아마존 Translate 효율적이며 비용 대비 효과가 좋은 번역을 사용해서 여러 언어로 상대에 접근할 수 있다.

〈도표 5-16〉 AI 구축 프로젝트의 대략적인 일정 예시

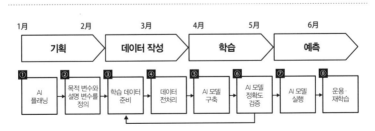

1월	2월	3월	4월	5월	6월
기획		데이터 작성		학습	예측

① AI 플래닝　② 목적 변수와 설명 변수를 정의　③ 학습 데이터 준비　④ 데이터 전처리　⑤ AI 모델 구축　⑥ AI 모델 정확도 검증　⑦ AI 모델 실행　⑧ 운용·재학습

〈도표 5-17〉 AI 구축 프로젝트의 상세한 일정 예시

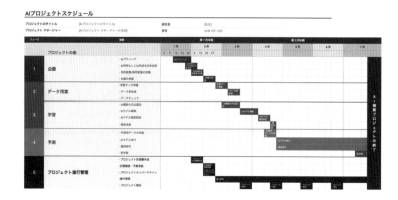

〈도표 5-18〉 어디서에서 생각해도 한 바퀴를 돌게 된다

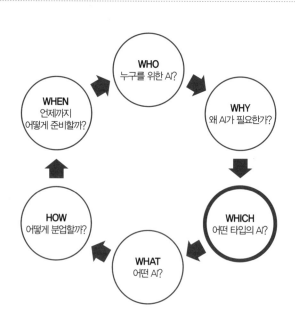

정을 세운다. 지금까지 기획을 생각하는 5W1H 단계를 통해 AI 기획을 실제로 수행하는 방법을 배웠다. 필요한 AI에 따라 약간 과부족이 있겠지만, 표준적인 AI 기획을 만드는 단계로 읽어두면 좋을 것이다. 예를 들어 AI 기획의 시작이 'WHICH: 어떤 타입의 AI?'일 수도 있다(《도표 5-18》). 이때도 '어떤 타입의 AI?'를 출발점으로 5W1H를 빠짐없이 생각하면 된다.

'누구를 위해 어떤 목적으로 AI를 도입하느냐'를 유지하기 위해, 모든 관점에서 기획을 점검해봐야 한다.

지금까지 문과형 AI 인재가 되는 3단계를 배웠다. 이제 6장 'STEP ④ AI 활용 사례를 철저하게 알아보자'에 들어간다. 'AI 활용 사례를 아는' 것은 문과형 AI 인재가 되는 마지막 단계이다. 구체적인 사례를 통해 지금까지의 3단계를 더 깊게 이해할 수 있을 것이다.

6장에서는 업종별, 활용 타입별 AI로 분류한 사례를 소개한다. AI 기획을 생각할 때 필요한 요소인 'WHAT: 어떤 AI인가?', 'WHO: 누구를 위한 AI인가', 'WHY: 왜 AI가 필요한가?', 'WHICH: 어떤 타입의 AI를 원하는가?'에 관한 해설로 사례를 학습하자.

STEP ④

스타일에 따른
AI 활용 사례 45가지

HOW
AI & THE HUMANITIES
WORK TOGETHER

<도표 6-1> 업종과 활용 형태별로 분류한 AI 사례

	👁 식별형 AI	📈 예측형 AI	💬 대화형 AI	🧍‍♂️ 실행형 AI
유통·소매	•트라이얼: 독자 생산 AI 카메라로 사용자를 식별해 판매촉진과 제품을 보충 •JINS: 어울리는 안경을 AI가 추천	•로손: AI로 신규 출점 판단		•미쓰비시 상사와 로손: 편의점에서 AI로 절전
전자 상거래 ·IT	•ZOZO: AI 활용한 유사 아이템 검색 기능으로 체재 시간 4배로		•LOHACO: 챗봇 문의의 50% 대응	
패션	•프랑스 Heuritech: SNS 이미지로 패션 트렌드 예측 •미국 TheTake: 동영상 안의 옷을 검출해 비슷한 아이템을 표시하고 구매도 지원	•스트라이프: 수요 예측 AI로 재고를 80%까지 압축 •ZOZOUSED: 입던 옷 가격 책정에 AI 도입		
연예·미디어	•니혼게이자이신문: 100년 동안의 신문 기사를 95% 정확도로 AI로 읽어 들임.	•후쿠오카 소프트뱅크 호크스: 실시간으로 가격이 변동하는 AI 입장권 판매	•중국 신화통신사: 여성 아나운서를 AI로 합성	•후지쯔: AI로 기사 자동 요약 시스템
운수·물류	•사가와큐빈: AI로 배송 전표입력 자동화	•히타치제작소와 미쓰이물산: AI로 배송계획하는 스마트 물류		•징둥닷컴: 물류 창고 자동화로, 사람의 10배 처리 능력
자동차·교통		•NTT도코모: AI를 도입해 93~95% 정확도로 택시 승차 예측		•토요타: 자동운전과 고도안전운전 지원으로 이중 안전 확보
제조·자원	•JFE스틸: 인물 감지 AI로 작업자에게 안전 보장	•LG전자: 가전용 AI로 생활 보조		•브리지스톤: AI공장에서 품질을 보장하고 타이어를 양산

	식별형 AI	예측형 AI	대화형 AI	실행형 AI
부동산·건설			•다이쿄 그룹: AI 관리원 도입 계획	•니시마쓰 건설: 생활습관을 기억하는 스마트하우스 AI 도입
외식·식품·농업	•큐피: AI로 원료검사장치에서 불량품 특정 •덴쓰: 자연산 참치 품질을 AI가 판정	•Plenty: AI 실내 농장에서 작물 맛 조정	•라이: 식당 예약 대응을 수행하는 음성 AI 서비스	•징둥닷컴: 조리·옮기기·주문·계산까지 로봇으로 자동화
금융·보험	•세븐은행: 얼굴 인증 AI 탑재한 차세대 ATM	•JCB: 보험 영업을 AI로 지원, 이용 이력에서 잠재 고객 추려냄 •미즈호은행: AI를 활용한 맞춤형 서비스 검증		
의료·돌봄·전문		•엑사위저드: 가나가와현과 공동으로 돌봄 필요도 예측 AI 현장 검증 •AI-CON: AI로 계약 검토·작성 지원 서비스	•Ubie: 의료 현장 업무 효율화를 도모하는 AI 문진	
인재·교육		•소프트뱅크: 신입 채용 업무에 AI를 이용해서 효율화 •atama plus: 개인마다 학습 최적화	•이온: 영어 발음을 AI가 평가	
콜센터		•간덴 CS 포럼: AI로 콜센터 호출량 예측 •트랜스코스모스: 퇴직 예정자를 예측해 반년 만에 퇴직자 절반으로 줄임	•카라쿠리: 정답률 95% 보증하는 챗봇 •소네트: 음성 인식 AI를 도입해서 상담원 업무 효율화	
생활서비스·경비·공공	•사이타마시: 고정자산세 조사에 항공사진 조회 AI 이용 •ALSOK: 곤경에 처한 사람을 자동 감지	•일본기상협회, 1시간 단위로 강수량 예측		

트라이얼
: 독자 생산한 AI 카메라로 사용자를 식별해
판매촉진과 부족한 제품을 보충한다

사례 개요

- 트라이얼컴퍼니는 후쿠오카현에 본사를 두는 할인 판매업이 주 사업

- 2018년부터 할인매장 안에 AI 카메라 700대를 설치

- AI 카메라로 사람의 움직임과 상품 선반 등을 분석

- 오리지널 AI 카메라도 개발

- 남녀 식별과 대형 카트 사용 여부를 식별해 매장 안 게시판에 최적화된 광고 표시

- AI 카메라를 사용한 부족한 제품 관리·보충 같은 종업원 작업 효율화

- 셀프 계산대 기능과 태블릿 단말기를 탑재한 스마트 계산대 카트도 100대 이상 도입

- 스마트 계산대 카트 효과는 다른 매장과 비교해서 인건비 20% 절감

- 과거 구매 이력을 확인하고 쿠폰 발행도 가능

해결할 수 있는 것

- 방문객 1인당 구매 단가 높이기 및 종업원 작업 효율을 향상시킬 수 있다.

·출처

https://www.itmedia.co.jp/business/articles/1904/24/news020.html

〈도표 6-2〉 트라이얼컴퍼니의 독자적인 AI 카메라

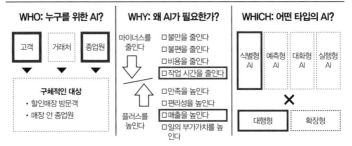

WHAT: 어떤 AI?

어떤 AI?: 매장 내 AI 카메라

AI가 할 수 있는 것	**AI로 해결될 일**
• 방문객 움직임과 상태 관측 • 선반 상태 관측	• 방문객 1인당 구매 단가 높이기 • 종업원 작업 효율 향상

WHO: 누구를 위한 AI?

고객　거래처　종업원

구체적인 대상
• 할인매장 방문객
• 매장 안 종업원

WHY: 왜 AI가 필요한가?

마이너스를 줄인다
□ 불만을 줄인다
□ 불편을 줄인다
□ 비용을 줄인다
☑ 작업 시간을 줄인다

플러스를 높인다
□ 만족을 높인다
□ 편리성을 높인다
☑ 매출을 높인다
□ 일의 부가가치를 높인다

WHICH: 어떤 타입의 AI?

식별형 AI　예측형 AI　대화형 AI　실행형 AI

×

대행형　확장형

사례 개요

· 로손은 이전까지 사람이 정보를 수집하고 판단해서 출점

· AI가 인구, 교통량, 학교·병원을 학습해 하루 점포 매출을 예측

· AI가 유사 점포의 매출도 참고하여 채산성을 예측

해결할 수 있는 것

· 편의점 신규 매장 매출이 높은 곳을 찾을 수 있다.

현재의 로손 출점은 담당자가 시간과 노동력을 들여서 지역 정보를 모으고, 채산이 맞는지 판단한다. AI 도입 후에는 주변 인구와 거주 세대의 경향, 교통량, 학교와 병원 배치와 같은 데이터를 읽어 들여 하루 점포 매출을 예측한다. 분석 결과는 입지에 적합한 매장 만들기에도 활용하고, 예상 매출액이 일정 수준에 도달하지 못하면 출점을 뒤로 미룬다. 현재 약 1만 3,000개 점포를 전개하는 로손은 2만 점포를 넘는 세븐일레븐·저팬과 약 1만 7,000개 점포인 훼미리마트와 비교해서 규모가 작다. 전국 편의점 점포 수가 2018년 12월 시점에서 약 5만 5,000개에 달하여 신규 출점 여지가 좁아지는 가운데, AI를 사용한 효과적이고 신속한 점포 개발로 경쟁사를 추격한다.

· 출처: 「SankeiBiz」 2018년 2월 20일(교도통신)
https://www.sankeibiz.jp/business/news/180220/bsd1802200500006-n1.htm

〈도표 6-3〉 로손의 채산성 예측 · 출점 가부를 판단하는 AI

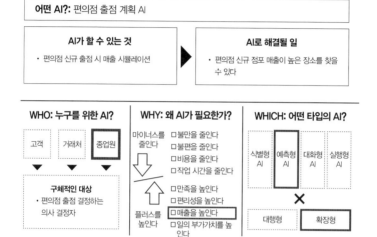

WHAT: 어떤 AI?

어떤 AI?: 편의점 출점 계획 AI

AI가 할 수 있는 것	**AI로 해결될 일**
• 편의점 신규 출점 시 매출 시뮬레이션	• 편의점 신규 점포 매출이 높은 장소를 찾을 수 있다

WHO: 누구를 위한 AI?

고객　거래처　**종업원**

▼　　▼　　▼

구체적인 대상
• 편의점 출점 결정하는 의사 결정자

WHY: 왜 AI가 필요한가?

마이너스를 줄인다
☐ 불만을 줄인다
☐ 불편을 줄인다
☐ 비용을 줄인다
☐ 작업 시간을 줄인다

플러스를 높인다
☐ 만족을 높인다
☐ 편리성을 높인다
☐ 매출을 높인다
☐ 일의 부가가치를 높인다

WHICH: 어떤 타입의 AI?

식별형 AI　**예측형 AI**　대화형 AI　실행형 AI

×

대행형　**확장형**

유통·소매	JINS : AI가 어울리는 안경을 추천한다	식별형 × 대행형

사례 개요

- 딥러닝을 구사한 안경 추천 'JINS BRAIN' 설치

- 3,000명 직원이 30만 건 데이터를 평가해서 AI화

- 어울리는 정도를 판정하는 서비스 제공

- 모든 점포에서 아이패드로 서비스 제공

- 우에노 매장에는 대형 스마트 거울 설치

해결할 수 있는 것

- 나에게 맞는 안경을 찾을 수 있다.

· 출처

https://www.jins.com/jp/topics_detAll.html?info_ID=150

〈도표 6-4〉 안경의 어울리는 정도를 수치화한 JINS의 AI

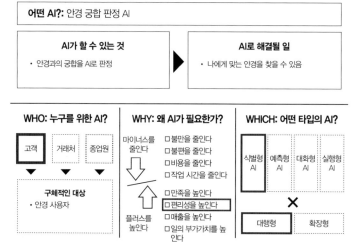

WHAT: 어떤 AI?

어떤 AI?: 안경 궁합 판정 AI

AI가 할 수 있는 것
· 안경과의 궁합을 AI로 판정

AI로 해결될 일
· 나에게 맞는 안경을 찾을 수 있음

WHO: 누구를 위한 AI?

고객　거래처　종업원

구체적인 대상
· 안경 사용자

WHY: 왜 AI가 필요한가?

마이너스를 줄인다
□ 불만을 줄인다
□ 불편을 줄인다
□ 비용을 줄인다
□ 작업 시간을 줄인다

□ 만족을 높인다
□ 편리성을 높인다
□ 매출을 높인다
□ 일의 부가가치를 높인다

플러스를 높인다

WHICH: 어떤 타입의 AI?

식별형 AI　예측형 AI　대화형 AI　실행형 AI

✕

대행형　확장형

사례 개요

- 전력수요 예측 AI로 각 점포에 절전을 지시할 수 있음

- AI는 과거 전력 사용 상황과 일기예보 등으로 학습

- 점포 조명을 어둡게 하거나 에어컨 설정 온도를 바꿈

- 절전 개시 전에 각 점포 태블릿으로 연락해 수락할지 거부할지를 결정

- 2020년 말까지 전국 5,000개 점포로 확대해 연간 전기요금 수억 엔 절감을 목표

해결할 수 있는 것

- **편의점 전기요금 절약할 수 있다.**

    미쓰비시 상사와 로손은 편의점 전력 사용을 집중적으로 제어하여 전기요금을 억제하는
    시도를 시작한다. 2020년도 말까지 5,000점포를 통신 회선으로 연결하고 AI를 활용해서
    에어컨과 조명 전력 사용을 억제하는 시스템을 갖춘다. 전기요금 절감액은 연간 수억 엔
    으로 본다. 가맹점의 전력 사용을 함께 관리해서 효율적인 점포 운영으로 이어가는 것을
    목표로 한다.

    미쓰비시 상사와 로손은 공동 출자한 신전력, MC 리테일 에너지(도쿄 미나토구)를 통해 각
    점포에 전력을 공급하고 있다. 동사가 개발한 전력수요 예측 시스템을 이용해서 가 점포
    에 절전을 지시한다. AI가 과거 전력 사용 상황과 일기예보 등을 분석한다. 점포 운영에

216

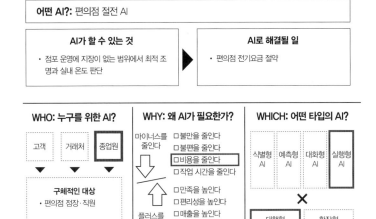

WHAT: 어떤 AI?

어떤 AI?: 편의점 절전 AI

AI가 할 수 있는 것
• 점포 운영에 지장이 없는 범위에서 최적 조명과 실내 온도 판단

AI로 해결될 일
• 편의점 전기요금 절약

WHO: 누구를 위한 AI?

고객	거래처	**종업원**

▼ ▼ ▼

구체적인 대상
• 편의점 점장·직원

WHY: 왜 AI가 필요한가?

마이너스를 줄인다
□불만을 줄인다
□불편을 줄인다
☑대비용을 줄인다
□작업 시간을 줄인다

플러스를 높인다
□만족을 높인다
□편리성을 높인다
□매출을 높인다
□일의 부가가치를 높인다

WHICH: 어떤 타입의 AI?

식별형 AI	예측형 AI	대화형 AI	**실행형 AI**

×

대행형	확장형

지장이 없는 범위에서 점포 조명을 어둡게 하거나, 실내 설정 온도를 바꾼다.

지시는 절전 개시 10분 전에 각 점포의 태블릿 단말기에 도착한다. 점포 운영자는 그 자리에서 수락할지 거부할지 결정한다. 수락하면 직접 조작하지 않아도 자동으로 실내 공조와 조명 설정이 바뀐다. 소매점 체인에서 여러 점포의 절전을 집중적으로 제어하는 시스템은 흔치 않다.

· 출처: 「니혼게이자이신문」 2018년 10월 30일 조간

ZOZO

: AI를 활용한 유사 아이템 검색 기능으로 사이트 체재 시간을 늘린다

사례 개요

· 자사 쇼핑몰인 ZOZOTOWN에 유사 아이템 검색 기능을 탑재

· 이용자의 체재 시간이 4배 증가

· 열람 중인 상품의 형태·질감·색·무늬 등을 바탕으로 AI가 비슷한 상품을 검출해 목록을 제공

· 색과 키워드 등의 검색만으로는 생각하는 상품에 도달할 수 없는 상황을 보완

해결할 수 있는 것

· 비슷한 아이템 추천으로 쇼핑 체험 향상 및 이제까지 찾기 어려웠던 아이템을 발견해 매출

을 증가시킬 수 있다.

· 출처

ryutsuu.biz/it/l082719.htm

WHAT: 어떤 AI?

어떤 AI?: 유사 아이템 검색 AI

AI가 할 수 있는 것	**AI로 해결될 일**
• 색과 형태 등이 비슷한 아이템을 찾을 수 있게 한다	• 비슷한 아이템 추천으로 쇼핑 체험 향상 • 이제까지 찾기 어려웠던 아이템을 발견하여 매출 싱승

WHO: 누구를 위한 AI?

고객	거래처	종업원

▼　　▼　　▼

구체적인 대상
• 패션을 좋아하는 사용자

WHY: 왜 AI가 필요한가?

마이너스를 줄인다

⬇

□ 불만을 줄인다
□ 불편을 줄인다
□ 비용을 줄인다
□ 작업 시간을 줄인다

⬆

플러스를 높인다

□ 만족을 높인다
☑ 편리성을 높인다
☑ 매출을 높인다
□ 일의 부가가치를 높인다

WHICH: 어떤 타입의 AI?

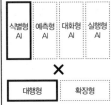

식별형 AI	예측형 AI	대화형 AI	실행형 AI

✕

대행형	확장형

LOHACO
: 챗봇이 문의의 50%를 대응한다

사례 개요

- 로하코의 챗봇 도입 초기에는 사용자의 이용률이 낮았지만, 독자적 캐릭터 '마나미 씨' 챗봇을 채용하고 이용률이 개선

- 전화·메일을 포함한 전체 문의의 50%를 챗봇이 대응

- 센터의 대응 시간 외나 심야 시간대도 대응

- 전화 상담원 업무로 환산하면 월 10명 분 이상

- 입력한 질문에서 적합한 답변을 골라내는 규칙 기반 구조

- 질문에 대한 답변을 보여줬는지 나타내는 지표의 목표 수치는 목표는 92%

- 라인 채팅에서는 답변 후 만족도가 낮은 설문 조사가 있으면 유인 채팅으로 변경하는 시스템도 준비

해결할 수 있는 것

- 스태프의 작업 시간을 줄이고, 심야 시간대에 대응할 수 있다.

·출처
https://xtrend.nikkei.com/atcl/contents/18/00130/00001/

WHAT: 어떤 AI?

어떤 AI?: 문의에 대응하는 챗봇 AI

AI가 할 수 있는 것	AI로 해결될 일
• 정형적인 문의에 대응	• 스태프의 작업 시간을 줄인다 • 심야 시간대 대응

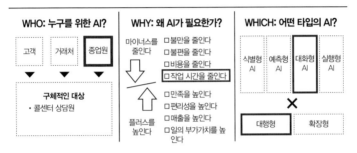

WHO: 누구를 위한 AI?

고객	거래처	종업원

▼　　　▼　　　▼

구체적인 대상
• 콜센터 상담원

WHY: 왜 AI가 필요한가?

마이너스를 줄인다
⬇
- □ 불만을 줄인다
- □ 불편을 줄인다
- □ 비용을 줄인다
- □ 작업 시간을 줄인다

플러스를 높인다
⬆
- □ 만족을 높인다
- □ 편리성을 높인다
- □ 매출을 높인다
- □ 일의 부가가치를 높인다

WHICH: 어떤 타입의 AI?

식별형 AI	예측형 AI	대화형 AI	실행형 AI

×

대행형	확장형

패션	**프랑스 Heuritech** : SNS 사진으로 패션 트렌드를 예측한다	

사례 개요

- 프랑스의 휴리테크는 SNS와 블로그와 같은 소셜미디어에 매일 올라오는 게시물을 분석

- 사진 · 텍스트 데이터에서 브랜드와 상품, 인플루언서 추출

- 패션 트렌드를 예측하는 AI 시스템 개발

- 스커트 매출이 12% 증가한 예도 있고, 루이비통과 디올 등 많은 기업이 고객

해결할 수 있는 것

- 패션 트렌드 관측과 예측을 할 수 있다.

· 출처

https://ftn.zozo.com/n/nf9404a0b17fb?creator_urlname=831mo917

https://fashnerd.com/2019/01/french-startup-heuritech-wants-to-help-fashion-brands-make-clothes-that-customers-want/

〈도표 6-8〉 SNS 사진으로 패션 트렌드 예측하는 Heuritech의 AI

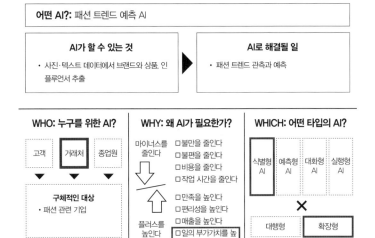

WHAT: 어떤 AI?

어떤 AI?: 패션 트렌드 예측 AI

AI가 할 수 있는 것	AI로 해결될 일
• 사진·텍스트 데이터에서 브랜드와 상품, 인플루언서 추출	• 패션 트렌드 관측과 예측

WHO: 누구를 위한 AI?

고객　거래처　종업원

구체적인 대상
• 패션 관련 기업

WHY: 왜 AI가 필요한가?

마이너스를 줄인다
□ 불만을 줄인다
□ 불편을 줄인다
□ 비용을 줄인다
□ 작업 시간을 줄인다

플러스를 높인다
□ 만족을 높인다
□ 편리성을 높인다
□ 매출을 높인다
□ 일의 부가가치를 높인다

WHICH: 어떤 타입의 AI?

식별형 AI　예측형 AI　대화형 AI　실행형 AI

×

대행형　확장형

| 패션 | **미국 TheTake**
: 동영상 속의 옷을 검출해 비슷한 아이템 표시 및
구매를 제공한다 | |

사례 개요

- 더테이크의 동영상에 있는 인물을 검출하고 각자가 입고 있는 옷을 검출

- 검출한 옷과 비슷한 아이템을 표시한다

- 동영상 안에 찍힌 인물마다 착용하고 있는 것과 유사한 아이템을 표시할 수 있음

- 표시된 아이템을 구매하는 앱도 제공

해결할 수 있는 것

- 동영상 안의 등장 인물이 입고 있는 옷과 비슷한 아이템을 알 수 있으며, 아이템을 구매할 수 있다.

· 출처
https://thetake.ai

224

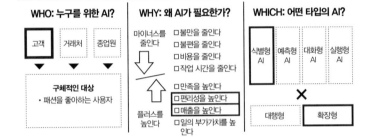

WHAT: 어떤 AI?

어떤 AI?: 동영상 안에 있는 패션 아이템 검출 AI

AI가 할 수 있는 것
· 동영상 안에서 착용한 것과 유사한 아이템 표시

AI로 해결될 일
· 동영상 속 등장 인물이 입고 있는 옷과 비슷한 아이템을 알 수 있다
· 아이템을 구매할 수 있다

WHO: 누구를 위한 AI?

| 고객 | 거래처 | 종업원 |

구체적인 대상
· 패션을 좋아하는 사용자

WHY: 왜 AI가 필요한가?

마이너스를 줄인다
☐불만을 줄인다
☐불편을 줄인다
☐비용을 줄인다
☐작업 시간을 줄인다

플러스를 높인다
☐만족을 높인다
☑편리성을 높인다
☑매출을 높인다
☐일의 부가가치를 높인다

WHICH: 어떤 타입의 AI?

| 식별형 AI | 예측형 AI | 대화형 AI | 실행형 AI |

×

| 대행형 | 확장형 |

패션	**스트라이프** : 수요 예측 AI로 재고를 80%까지 압축한다	

사례 개요

· 스트라이프는 '어쓰 뮤직&에콜로지'에서 AI로 재고 압축 실험을 실시

· 할인율이 14포인트 개선되어 54%로, 타임세일 시간도 40% 줄어드는 것을 입증

· 점포별 상품 분배도 예전에는 도심형과 교외형의 2가지 패턴밖에 없었지만, AI 분석 실험으로 8가지로 세분화

· 재고를 80%까지 줄이고, 매입액 350억 엔을 줄일 계획

해결할 수 있는 것

· 필요 없는 재고를 압축하여 비용을 절감할 수 있다.

　스트라이프 인터내셔널 그룹은 AI(인공지능) 분석으로 재고 압축을 축으로 하는 2020년 1월기 사업 전략을 발표했다. (중략) 기간 브랜드인 '어쓰 뮤직&에콜로지(EARTH MUSIC&ECOLOGY, 이하 어쓰)'에서는 실험적으로 2018년 8월부터 AI로 데이터를 분석해서 재고 압축을 시작했다. 그 결과로 '어쓰'의 2019년 1월은 세일 기간이긴 해도 가격 인하율을 14포인트 개선해서 54%로 되었다. 타임세일 시간도 40% 줄었다. (중략)

　실험을 통해 재고 발주량, 가격 인하율 최적화가 일정한 성과를 거두었기 때문에, 2월부터 국내 모든 브랜드로 AI 분석을 확대한다. 매입액 350억 엔 절감이라는 숫자는 AI가 산출한 것이다. 점포별로 상품 분배하는 것도 예전에는 도심형과 교외형이라는 2MD 밖

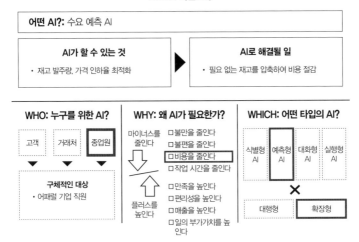

에 없어서 비효율적이었지만, '어쓰의 AI 분석 실험으로 이것을 8개로 세분화했다.

• 출처: 「WWD」 '스트라이프 20년 1월기는 AI분석으로 재고를 80%까지 압축. 음악 사업에도 진출' 2019년 1월 31일
https://www.wwdjapan.com/articles/786161

패션	**ZOZOUSED** : AI를 도입하여 입던 옷 가격을 책정한다	

사례 개요

- 조조유즈드는 상품관리 정보가 적은 입던 옷에 가격을 매기는 과제를 AI로 해결

- ZOZO 그룹 내부의 빅데이터를 활용하여 AI 모델을 구축

- 예전에는 브랜드와 카테고리, 상태 등의 정보만으로 가격을 매겼지만, AI 모델을 도입하여
  높은 정확도로 가격을 매길 수 있게 됨

- AI 모델 도입 후 가격 적중률은 AI 도입하기 전보다 약 1.5배 높아짐

- 평균 매입 단가는 200~300엔 상승했고, 판매자에게 동기도 부여

해결할 수 있는 것

- 매입 가격 인상과 입던 옷을 팔고 싶은 사용자에 동기부여를 할 수 있다.

· 출처
https://news.mynavi.jp/article/20190709-848562/

〈도표 6-11〉 입던 옷에 가격을 매기는 ZOZOUSED의 AI

WHAT: 어떤 AI?

어떤 AI?: 입던 옷 가격 매기는 AI

AI가 할 수 있는 것	**AI로 해결될 일**
• 판매가격 예측으로 적정한 매입 가격을 자동 추출	• 매입 가격 인상과 입던 옷을 팔고 싶은 사용자에 동기 부여

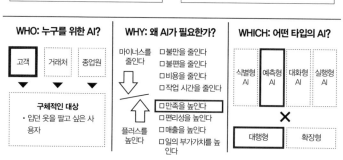

WHO: 누구를 위한 AI?

고객　거래처　종업원

구체적인 대상
• 입던 옷을 팔고 싶은 사용자

WHY: 왜 AI가 필요한가?

마이너스를 줄인다

☐불만을 줄인다
☐불편을 줄인다
☐비용을 줄인다
☐작업 시간을 줄인다

플러스를 높인다

☐만족을 높인다
☐편리성을 높인다
☐매출을 높인다
☐일의 부가가치를 높인다

WHICH: 어떤 타입의 AI?

식별형 AI	예측형 AI	대화형 AI	실행형 AI

✕

대행형　확장형

니혼게이자이신문

: 100년 동안의 신문 기사를 정확도 95%의 AI로 판독한다

사례 개요

- 1876년 창간호부터 1970년대까지 약 100년 동안의 신문 기사를 텍스트 데이터화

- 이전에는 원본을 스캔한 이미지 데이터만 보관했지만, AI로 텍스트 데이터화 시작

- 5만 개 문자 이미지 데이터와 그 문자를 텍스트로 한 데이터 그룹을 작성

- 초기에는 정확도가 75%에 그쳤지만, 여러 시도 끝에 95%까지 끌어올림

- 오래된 신문의 문자는 읽어 들이기 어렵다는 편견을 깨고, 자동으로 읽어 들이는 AI 기술을 확립

- 정확도를 높여서 사람 손으로 수정하는 수고를 상당히 덜음

해결할 수 있는 것

- 100년분 신문 기사를 문자로 검색할 수 있게 된다.

· 출처

https://tech.nikkeibp.co.jp/atcl/nxt/column/18/00001/02028/

〈도표 6-12〉 100년 동안의 기사를 AI OCR로 판독하는 니혼게이자이신문

WHAT: 어떤 AI?

어떤 AI?: 신문 기사 읽어 들이는 OCR AI

AI가 할 수 있는 것
- 오래된 신문의 이미지 데이터를 텍스트 데이터로 읽어 들인다

AI로 해결될 일
- 100년분 신문 기사를 문자로 검색할 수 있게 된다

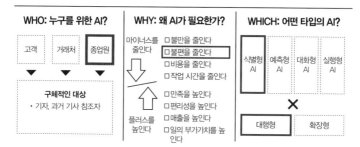

WHO: 누구를 위한 AI?

고객	거래처	**종업원**

구체적인 대상
- 기자, 과거 기사 참조자

WHY: 왜 AI가 필요한가?

마이너스를 줄인다
- ☐ 불만을 줄인다
- ☑ 불편을 줄인다
- ☐ 비용을 줄인다
- ☐ 작업 시간을 줄인다

플러스를 높인다
- ☐ 만족을 높인다
- ☐ 편리성을 높인다
- ☐ 매출을 높인다
- ☐ 일의 부가가치를 높인다

WHICH: 어떤 타입의 AI?

식별형 AI	예측형 AI	대화형 AI	실행형 AI

×

대행형	확장형

사례 개요

- 후쿠오카 소프트뱅크 호크스는 AI 시스템으로 티켓을 판매

- AI는 수요에 따라 가격이 변동하는 가변적 가격 책정을 채용

- 과거 판매 실적, 순위, 성적, 시합 일시, 좌석 종류, 좌석 위치, 티켓 판매 상황 등으로 AI가 수요를 예측해 가격을 결정

- AI 시스템을 활용하여 실시간으로 가격이 변동하는 메커니즘 적용

해결할 수 있는 것

- 빈자리가 많을 때는 싼 가격에 사기 쉽게 하고 인기 시합이라도 가격에 따라 구매 가능하게 하자, 결과적으로 매출이 증가했다.

· 출처
https://about.yahoo.co.jp/pr/release/2019/01/24a/

WHAT: 어떤 AI?

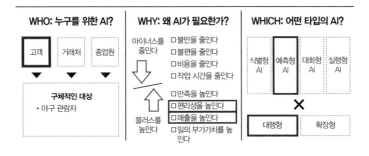

어떤 AI?: 가변적 가격 책정

AI가 할 수 있는 것	**AI로 해결될 일**
• 수요에 맞춘 최적 가격 설정	• 빈자리가 많을 때는 더 싸게 사기 쉽고 • 인기 시합이라도 가격에 따라 구매 가능 • 결과적으로 매출 증가

WHO: 누구를 위한 AI?

고객 / 거래처 / 종업원

▼ ▼ ▼

구체적인 대상
• 야구 관람자

WHY: 왜 AI가 필요한가?

마이너스를 줄인다
☐ 불만을 줄인다
☐ 불편을 줄인다
☐ 비용을 줄인다
☐ 작업 시간을 줄인다

☐ 만족을 높인다
☑ 편리성을 높인다
☑ 매출을 높인다

플러스를 높인다
☐ 일의 부가가치를 높인다

WHICH: 어떤 타입의 AI?

식별형 AI / 예측형 AI / 대화형 AI / 실행형 AI

✕

대행형 / 확장형

중국 신화통신사
: AI로 합성한 여성 아나운서가 기사를 읽는다

사례 개요

- AI로 합성한 아나운서가 코멘트를 읽어주는 'AI 아나운서'를 개발

- 이전에 남성 AI 아나운서를 발표했는데, 이번에 여성판을 추가 발표

- 실제로 존재하는 아나운서의 외모와 똑같이 AI로 합성

- 기사를 매끄럽게 읽어줌

해결할 수 있는 것

- 아나운서를 24시간 365일 대신할 수 있다.

· 출처
https://www.huffingtonpost.jp/entry/story_jp_5c7cc6aee4b0e5e313cc6a5f

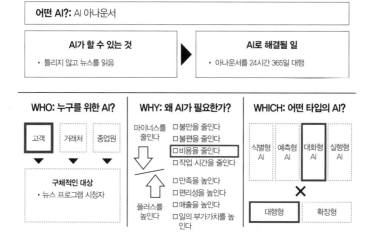

WHAT: 어떤 AI?

어떤 AI?: AI 아나운서

AI가 할 수 있는 것	▶	**AI로 해결될 일**
• 틀리지 않고 뉴스를 읽음		• 아나운서를 24시간 365일 대행

WHO: 누구를 위한 AI?

고객	거래처	종업원
▼	▼	▼

구체적인 대상
• 뉴스 프로그램 시청자

WHY: 왜 AI가 필요한가?

마이너스를 줄인다 ⬇
□ 불만을 줄인다
□ 불편을 줄인다
□ 비용을 줄인다
□ 작업 시간을 줄인다

플러스를 높인다 ⬆
□ 만족을 높인다
□ 편리성을 높인다
□ 매출을 높인다
□ 일의 부가가치를 높인다

WHICH: 어떤 타입의 AI?

식별형 AI	예측형 AI	대화형 AI	실행형 AI

✕

대행형	확장형

후지쯔
: AI로 신문 기사를 자동 요약하는 시스템을 갖추다

사례 개요

• 후지쯔는 기사 전문을 단문으로 요약하는 자동 요약 AI를 개발

• 딥러닝을 활용해서 단어 삭제, 어순 변경, 표현 바꾸기를 학습

• 기사 전문에서 문체를 바꾸지 않고 180자 이내의 요약 기사를 작성하는 중요 문장 추출과 54자 이내의 단문을 작성하는 생성형 요약이라는 2가지 기능을 탑재

• 뉴스 요약, SNS 투고용 단문, 전광판이나 게시판에 게재할 뉴스용으로 사용하는 것을 예상

해결할 수 있는 것

• 사람이 하던 요약 업무 대행하고, 많은 문장을 요약할 수 있게 되었다.

·출처
https://japan.zdnet.com/article/35139603/

236

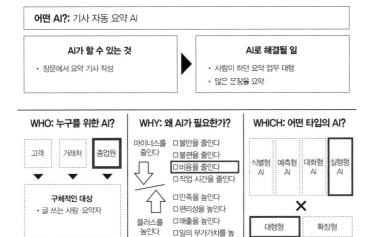

WHAT: 어떤 AI?

어떤 AI?: 기사 자동 요약 AI

AI가 할 수 있는 것	**AI로 해결될 일**
• 장문에서 요약 기사 작성	• 사람이 하던 요약 업무 대행 • 많은 문장을 요약

WHO: 누구를 위한 AI?

고객　거래처　**종업원**

구체적인 대상
• 글 쓰는 사람·요약자

WHY: 왜 AI가 필요한가?

마이너스를 줄인다
□ 불만을 줄인다
□ 불편을 줄인다
□ 비용을 줄인다
□ 작업 시간을 줄인다

플러스를 높인다
□ 만족을 높인다
□ 편리성을 높인다
□ 매출을 높인다
□ 일의 부가가치를 높인다

WHICH: 어떤 타입의 AI?

식별형 AI　예측형 AI　대화형 AI　**실행형 AI**

×

대행형　확장형

운수 · 물류	**사가와큐빈** : AI로 배송전표 입력을 자동화하다	식별형 × 대행형

사례 개요

- 사가와큐빈은 AI로 배송전표 입력업무를 자동화

- 이전에는 바쁜 시즌에도 하루에 100만 장이나 되는 배송전표 정보를 사람이 직접 입력

- AI로 배송전표를 입력하면 월 환산으로 약 8,400시간 정도 작업 시간 단축

- 딥러닝 기술로 손으로 쓴 숫자 인식 정확도는 99.995% 이상

- 'O'로 둘러싼 숫자와 취소선으로 수정한 숫자, 닳은 문자와 흠집에도 대응 가능

- 다양한 업무에서 '사람과 AI의 협업'을 추진

해결할 수 있는 것

- 대량의 단순 작업을 대체해서 비용을 절감할 수 있다.

·출처
https://japan.zdnet.com/article/35140897/

〈도표 6-16〉 사가와큐빈의 배송전표 판독 AI

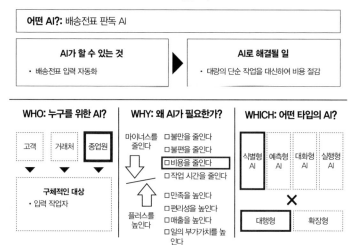

WHAT: 어떤 AI?

어떤 AI?: 배송전표 판독 AI

AI가 할 수 있는 것	AI로 해결될 일
• 배송전표 입력 자동화	• 대량의 단순 작업을 대신하여 비용 절감

WHO: 누구를 위한 AI?

고객　거래처　**종업원**

▼　　▼　　▼

구체적인 대상
• 입력 작업자

WHY: 왜 AI가 필요한가?

마이너스를
줄인다
⬇

☐불만을 줄인다
☐불편을 줄인다
☑비용을 줄인다
☐작업 시간을 줄인다

플러스를
높인다
⬆

☐만족을 높인다
☐편리성을 높인다
☐매출을 높인다
☐일의 부가가치를 높인다

WHICH: 어떤 타입의 AI?

**식별형
AI**　예측형
AI　대화형
AI　실행형
AI

✕

대행형　확장형

사례 개요

- 히타치제작소와 미쓰이물산은 AI를 활용한 배송 최적화 서비스를 개발

- 숙련된 사람이 몇 시간부터 1, 2일 걸리던 배송 계획 작업을 AI는 몇 분에서 한 시간 정도로 대행

- 차량마다 배송지·배송일시 할당과 배송경로 책정 등을 자동 입안

- 납품일시, 물류센터 · 거점 위치, 주행 경로와 시간, 정체, 짐 싣기·매장에 머무르는 시간 등에 숙련자의 경험(배송 예정일 조정 등)을 분석 변수로 도입

- 배송차의 주행기록을 GPS로 취득해 배송 실적 작성 자동화

- 차량·운전자마다 배송 시간·경로·작업내용, 비용, 지연율 등을 시각화

해결할 수 있는 것

- 숙련자만 할 수 있었던 고도의 계획 작업을 AI가 대행해, 배송 계획을 1~2시간 내로 작성하는 것이 가능해졌다.

·출처
https://it.impressbm.co.jp/articles/-/17525

〈도표 6-17〉 히타치제작소와 미쓰이물산의 배송 계획을 자동으로 세우는 스마트 물류

WHAT: 어떤 AI?

어떤 AI?: 배송 계획 입안 AI

AI가 할 수 있는 것	**AI로 해결될 일**
• 차량마다 배송지·배송일시 할당과 배송 경로 책정	• 숙련자만 할 수 있던 고도의 계획 작업을 AI가 대행 • 배송 계획을 1~2시간으로 작성 가능

WHO: 누구를 위한 AI?

고객	거래처	**종업원**

▼ ▼ ▼

구체적인 대상
• 배송 운전사

WHY: 왜 AI가 필요한가?

마이너스를 줄인다

☐ 불만을 줄인다
☐ 불편을 줄인다
☐ 비용을 줄인다
☑ 작업 시간을 줄인다

☐ 만족을 높인다
☐ 편리성을 높인다
☐ 매출을 높인다
☑ 일의 부가가치를 높인다

플러스를 높인다

WHICH: 어떤 타입의 AI?

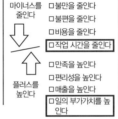

식별형 AI	**예측형 AI**	대화형 AI	실행형 AI

×

대행형	확장형

운수 · 물류

징둥닷컴
: 물류 창고 자동화로 사람의 10배나 되는 처리 능력을 갖추다

사례 개요

- 징둥닷컴은 모든 과정을 무인화한 스마트 창고를 중국 상하이 교외에서 운용

- 로봇팔로 자동 반입, 운반 로봇으로 자동 분류

- 사람이 처리하던 기존 창고의 10배나 되는 처리 능력

- 대규모 세일을 하는 11월 11일 '독신자의 날'에는 90% 이상의 주문을 수주 당일 또는 다음 날까지 소비자에게 보내는 데 성공

- 자동 분류 정확도는 99.99%이며, 작업 효율이 5배 이상 개선되어 1시간에 400개의 패키지를 식별

해결할 수 있는 것

- 사람에게 의지하지 않고 창고 작업을 실행할 수 있으며, 인건비 절감·처리 시간 고속화 · 24 시간 가동을 실현할 수 있다.

· 출처
https://tech.nikkeibp.co.jp/atcl/nxt/mag/nc/18/071000059/071000003/
https://www.sangyo-times.jp/article.aspx?ID=2990

〈도표 6-18〉 싱둥닷컴의 불류 창고 자동화

WHAT: 어떤 AI?

어떤 AI?: 스마트 물류 창고

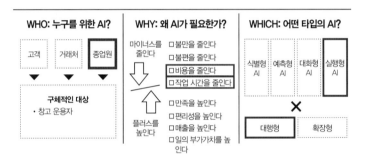

AI가 할 수 있는 것
- 창고 작업 전공정을 무인화
- 로봇팔로 자동 반입
- 반송 로봇이 자동 분류

AI로 해결될 일
- 사람에 의지하지 않는 창고 작업 실행
- 인건비 절감
- 처리 시간 고속화·24시간 가동

WHO: 누구를 위한 AI?

| 고객 | 거래처 | 종업원 |

구체적인 대상
- 창고 운용자

WHY: 왜 AI가 필요한가?

마이너스를 줄인다
- □ 불만을 줄인다
- □ 불편을 줄인다
- □ 비용을 줄인다
- □ 작업 시간을 줄인다

플러스를 높인다
- □ 만족을 높인다
- □ 편리성을 높인다
- □ 매출을 높인다
- □ 일의 부가가치를 높인다

WHICH: 어떤 타입의 AI?

| 식별형 AI | 예측형 AI | 대화형 AI | 실행형 AI |

×

| 대행형 | 확장형 |

NTT도코모
: AI를 택시 수요에 도입해 93~95% 정확도로 승차를
예측하다

사례 개요

- NTT도코모는 택시 승차 대수를 예측하는 AI 택시 서비스를 제공

- 휴대전화 전파로부터 지역 인구를 실시간으로 예상해 AI 예측에 활용

- 500m×500m 지역마다, 시간대마다 예측

- 지역 인구에 더해 택시 운행 데이터, 강우량 등의 기상 데이터, 이벤트 장소와 역, 병원, 학교
  등의 시설 데이터 등을 예측 데이터로 활용

- 2개의 AI 시스템을 함께 사용해 과거 예측 정확도를 바탕으로 구분해 사용하는 하이브리드 예측

- 예측 정확도는 93~95%로 높고, 30분 후까지의 승차 대수를 예측하며, 갱신은 10분 단위

- 신입 운전자라도 보통 운전자 정도의 승차 횟수를 달성이 가능

- 1대당 연간 약 28만 엔의 매출이 상승했으며, 전체에 도입하면 연간 수억 엔 규모의 매출 상
  승을 기대할 수 있음

해결할 수 있는 것

- 운전자의 업무 효율 향상과 매출 상승을 기대할 수 있다.

  · 출처
  https://nissenad-digitalhub.com/articles/ai-for-taxi/

〈도표 6-19〉 93~95% 정확도로 승차를 예측하는 NTT도코모의 AI

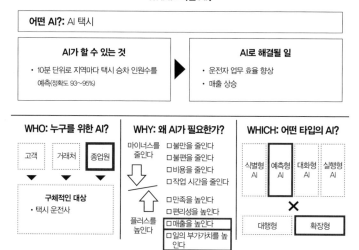

WHAT: 어떤 AI?

어떤 AI?: AI 택시

AI가 할 수 있는 것
· 10분 단위로 지역마다 택시 승차 인원수를 예측(정확도 93~95%)

AI로 해결될 일
· 운전자 업무 효율 향상
· 매출 상승

WHO: 누구를 위한 AI?

| 고객 | 거래처 | 종업원 |

구체적인 대상
· 택시 운전사

WHY: 왜 AI가 필요한가?

마이너스를 줄인다
□ 불만을 줄인다
□ 불편을 줄인다
□ 비용을 줄인다
□ 작업 시간을 줄인다

□ 만족을 높인다
□ 편리성을 높인다
□ 매출을 높인다
□ 일의 부가가치를 높인다

플러스를 높인다

WHICH: 어떤 타입의 AI?

| 식별형 AI | 예측형 AI | 대화형 AI | 실행형 AI |

×

| 대행형 | 확장형 |

자동차 · 교통	**토요타** : 자동운전과 고도의 안전운전을 지원하여 이중으로 안전을 확보하다	

사례 개요

- 토요타는 자동운전과 고도의 안전운전 지원인 '가디언'이라는 두 축에서 AI 활용

- 가디언은 운전을 지원하는 것에 중점을 두며, 운전 조작의 주체는 운전자

- 충돌 피해 경감 자동 브레이크와 차선 이탈 경고를 포함하는 다양한 안전을 지원

- 능력이 향상되면 후방 충돌을 감지해서 자동으로 피할 가능성 있음

- 자동운전 시스템이 문제를 일으켰을 때 가디언이 안전망이 되어 이중으로 안전을 확보

- 토요타 이외의 자동운전 시스템을 이용하는 것도 가능하며, 우버를 비롯한 외부 회사에 서

  비스를 제공

해결할 수 있는 것

- 운전할 때 이중으로 안전을 확보할 수 있다.

·출처

https://ascii.jp/elem/000/001/928/1928972/

〈도표 6-20〉 토요타의 자동운전과 고도의 안전운전 지원 AI

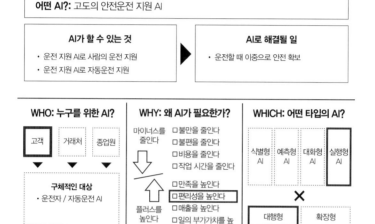

WHAT: 어떤 AI?

어떤 AI?: 고도의 안전운전 지원 AI

AI가 할 수 있는 것	**AI로 해결될 일**
• 운전 지원 AI로 사람의 운전 지원 • 운전 지원 AI로 자동운전 지원	• 운전할 때 이중으로 안전 확보

WHO: 누구를 위한 AI?

고객	거래처	종업원

▼ ▼ ▼

구체적인 대상
• 운전자 / 자동운전 AI

WHY: 왜 AI가 필요한가?

마이너스를 줄인다

☐ 불만을 줄인다
☐ 불편을 줄인다
☐ 비용을 줄인다
☐ 작업 시간을 줄인다

☐ 만족을 높인다
☑ 편리성을 높인다
☐ 매출을 높인다
☐ 일의 부가가치를 높인다

플러스를 높인다

WHICH: 어떤 타입의 AI?

식별형 AI	예측형 AI	대화형 AI	실행형 AI

✕

대행형	확장형

제조 · 자원	**LG전자** : 가전용 AI로 생활을 보조한다	

사례 개요

- 냉장고 내부 온도와 냉기 순환 부족과 같은 문제가 없는지 가전 이용과 관련한 상태를 AI가 확인

- 잘못된 사용이나 고장, 필요한 정비 관리도 감지

- 냉장고 내부의 온도 변동, 필터 교환 시기, 세탁기 배수 문제 등과 같은 비정상을 감지

- 문제가 있으면 사태가 악화하기 전에 앱으로 알려줌

해결할 수 있는 것

- 가전 이용 만족도가 향상되었다.

· 출처
https://japan.cnet.com/article/35141994/

248

WHAT: 어떤 AI?

어떤 AI?: 가전 이용 지원 AI

AI가 할 수 있는 것

- 가전 이용 상황 감지
- 비정상 상태 감지

▶

AI로 해결될 일

- 가전 이용 만족도 향상

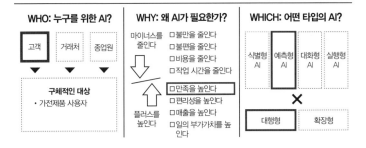

WHO: 누구를 위한 AI?

| 고객 | 거래처 | 종업원 |

▼　　　▼　　　▼

구체적인 대상

- 가전제품 사용자

WHY: 왜 AI가 필요한가?

마이너스를 줄인다

- □ 불만을 줄인다
- □ 불편을 줄인다
- □ 비용을 줄인다
- □ 작업 시간을 줄인다

플러스를 높인다

- □ 만족을 높인다
- □ 편리성을 높인다
- □ 매출을 높인다
- □ 일의 부가가치를 높인다

WHICH: 어떤 타입의 AI?

| 식별형 AI | 예측형 AI | 대화형 AI | 실행형 AI |

×

| 대행형 | 확장형 |

제조·자원	**브리지스톤** : AI 공장에서 품질을 보장하는 타이어를 양산한다	

사례 개요

- 브리지스톤은 생산의 걸림돌이던 타이어 성형 공정을 AI로 자동화·자동제어

- 수백 개의 센서로 고무 위치와 형상 변화 등의 데이터를 수집하여 독자 개발한 AI로 높은 정밀도의 타이어 성형을 실현

- 예전에는 많은 일손이 필요해 병목 현상이 발생하던 공정의 품질 정확도를 AI가 관리

- 경고음이 울릴 때만 사람이 필요

해결할 수 있는 것

- 공정에서 병목 현상이 발생하던 것을 해소했으며 생산성은 2배, 품질은 15% 향상되었다.

·출처

https://toyokeizai.net/articles/~/153287

https://monoist.atmarkit.co.jp/mn/articles/1701/10/news035.html

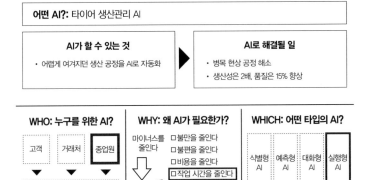

WHAT: 어떤 AI?

어떤 AI?: 타이어 생산관리 AI

AI가 할 수 있는 것	**AI로 해결될 일**
• 어렵게 여겨지던 생산 공정을 AI로 자동화	• 병목 현상 공정 해소 • 생산성은 2배, 품질은 15% 향상

WHO: 누구를 위한 AI?

고객	거래처	종업원

구체적인 대상
• 공장 종업원

WHY: 왜 AI가 필요한가?

마이너스를 줄인다
☐ 불만을 줄인다
☐ 불편을 줄인다
☐ 비용을 줄인다
☐ 작업 시간을 줄인다

플러스를 높인다
☐ 만족을 높인다
☐ 편리성을 높인다
☐ 매출을 높인다
☐ 일의 부가가치를 높인다

WHICH: 어떤 타입의 AI?

식별형 AI	예측형 AI	대화형 AI	실행형 AI

×

대행형	확장형

제조·자원	**JFE스틸** : 사람 감지 AI로 작업자를 안전하게 보호한다	

사례 개요

- JFE스틸은 AI 이미지 인식 기술을 제철소의 안전행동 지원에 활용

- 제철소 내부는 조명 조건과 작업자의 자세도 다양해서 사람 감지가 어려움

- 일본전기주식회사 NEC의 AI 이미지 인식 기술을 바탕으로 대량의 인물 사진을 딥러닝으로 학습해 실용화 수준의 인물 감지를 실현

- 출입 금지 지역을 AI로 인식

- 출입 금지 지역에 작업자가 침입하면 AI가 경보를 울리고, 동시에 생산 설비를 자동으로 정지시키는 시스템도 구축

해결할 수 있는 것

- 종업원의 안전을 확보할 수 있다.

· 출처

https://monoist.atmarkit.co.jp/mn/articles/1901/07/news013.html

〈도표 6-23〉 AI 이미지 인식으로 안전행동 지원

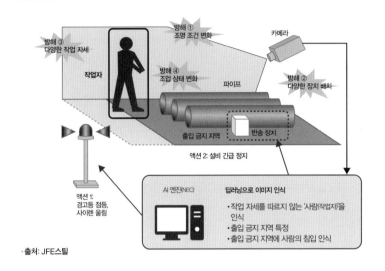

· 출처: JFE스틸

〈도표 6-24〉 사람 감지 AI로 제철소 안전 확보하는 JFE스틸

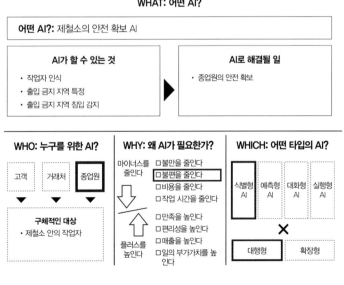

사례 개요

- 맨션 공용 부분 디지털 게시판에 AI 음성 대화 기능을 결합한 AI 관리인·스마트 인포메이션 보드인 'AI INFO'를 도입

- 디지털 게시판에 AI를 탑재한 음성 대화 기능 'AI 관리원'을 결합해 맨션 주민의 문의에 대응하는 시스템을 준비

- 고령화와 인재 부족이 심각한 관리인의 부담 경감에 활용

- 공용부 설비 고장이나 쓰레기 분리 방법·수집일 같은 기본적인 답변 가능

- AI와 분업하여 관리인 근무시간을 바꾸지 않고 서비스 질을 향상하는 효과 기대 ('AI 관리원'은 훼미리네트·재팬의 등록상표로, 훼미리네트·재팬이 제공하는 음성 대화 서비스를 채용)

해결할 수 있는 것

- 관리인의 업무를 대행하며 심야 시간대 대응을 할 수 있다.

· 출처: 「닛칸공업신문」 2018년 12월 6일
  https://newswitch.jp/p/15532

〈도표 6-25〉 다이쿄 그룹의 AI 관리인 도입 계획

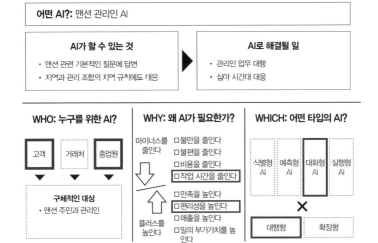

WHAT: 어떤 AI?

어떤 AI?: 맨션 관리인 AI

AI가 할 수 있는 것
- 맨션 관련 기본적인 질문에 답변
- 지역과 관리 조합의 지역 규치에도 대응

AI로 해결될 일
- 관리인 업무 대행
- 심야 시간대 대응

WHO: 누구를 위한 AI?

| 고객 | 거래처 | 종업원 |

구체적인 대상
- 맨션 주민과 관리인

WHY: 왜 AI가 필요한가?

마이너스를 줄인다
- □ 불만을 줄인다
- □ 불편을 줄인다
- □ 비용을 줄인다
- □ 작업 시간을 줄인다

플러스를 높인다
- □ 만족을 높인다
- □ 편리성을 높인다
- □ 매출을 높인다
- □ 일의 부가가치를 높인다

WHICH: 어떤 타입의 AI?

| 식별형 AI | 예측형 AI | 대화형 AI | 실행형 AI |

×

| 대행형 | 확장형 |

부동산 · 건설	**니시마쓰 건설** : 생활습관을 기억하는 스마트하우스 AI를 도입하다	

사례 개요

- 자사 사택에 스마트하우스 AI를 도입

- 음성, 영상, 동작, 진동, 온도, 습도, 조도, 자외선을 AI가 측정

- 거주자가 어디에 있고, 무엇을 하려는지 AI가 인식

- 자동으로 에어컨 온도와 조명 등 실내 가전을 조종해서 최적화

- 거주자 본인이 스마트폰이나 태블릿을 이용해 조작할 필요 없이 AI가 독자적으로 판단해서 조작

- 귀가 시간대에 맞춰 에어컨 조작하거나, 기상 시간의 커튼 조작, 외출 시 사람이 없을 때 잠금 등을 AI가 수행

- 그 밖의 다양한 생활습관, 타이밍 등의 학습을 반복할 수 있음

해결할 수 있는 것

- 거주자 생활을 편리하게 할 수 있다.

· 출처

https://built.itmedia.co.jp/bt/articles/1904/03/news035.html

〈도표 6-26〉 니시마쓰 건설의 생활습관을 기억하는 스마트하우스 AI

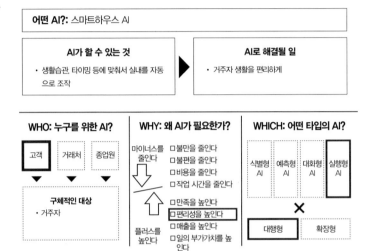

WHAT: 어떤 AI?

어떤 AI?: 스마트하우스 AI

AI가 할 수 있는 것	AI로 해결될 일
• 생활습관, 타이밍 등에 맞춰서 실내를 자동으로 조작	• 거주자 생활을 편리하게

WHO: 누구를 위한 AI?

고객	거래처	종업원

구체적인 대상
• 거주자

WHY: 왜 AI가 필요한가?

마이너스를 줄인다
□ 불만을 줄인다
□ 불편을 줄인다
□ 비용을 줄인다
□ 작업 시간을 줄인다

플러스를 높인다
□ 만족을 높인다
☑ 편리성을 높인다
□ 매출을 높인다
□ 일의 부가가치를 높인다

WHICH: 어떤 타입의 AI?

식별형 AI	예측형 AI	대화형 AI	실행형 AI

×

대행형	확장형

외식 · 식품 · 농업	**큐피** : AI를 활용해 원재료 검사 장치에서 불량품을 가려낸다	

사례 개요

- 반찬의 원료로 사용하는 자른 채소 검사를 위해 AI 원료 검사 장치를 활용

- 사람이 눈으로 하는 검사는 신체적 부담이 큼

- 딥러닝을 활용한 이미지 해석으로 질이 좋은 것을 선별하는 메커니즘을 적용

- 질 좋은 상품을 식별할 수 있는 AI를 만들어 불량품을 특정하는 접근법으로 실용화를 이룸

- 은행잎 모양으로 자른 당근 등 자른 채소 검사 공정에 도입

- 일하는 사람에게 부담스럽지 않는 공정으로 진화시키는 것이 목적

해결할 수 있는 것

- 작업 효율 향상시키고, 종업원에게 부담스럽지 않은 직장을 만들 수 있다.

· 출처

https://www.ryutsuu.biz/it/l022142.html

〈도표 6-27〉 큐피의 원재료 검사 AI의 개발 및 도입

WHAT: 어떤 AI?

어떤 AI?: 식품 원재료 검사 AI

AI가 할 수 있는 것	AI로 해결될 일
• 자른 채소 중 질이 좋은 것	• 작업 효율 향상 • 종업원에게 부담 주지 않는 직장 만들기

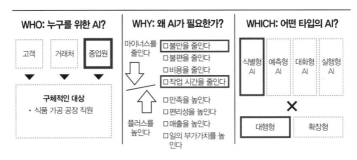

WHO: 누구를 위한 AI?

고객	거래처	**종업원**

구체적인 대상
• 식품 가공 공장 직원

WHY: 왜 AI가 필요한가?

마이너스를 줄인다
☑ 불만을 줄인다
□ 불편을 줄인다
□ 비용을 줄인다
☑ 작업 시간을 줄인다

플러스를 높인다
□ 만족을 높인다
□ 편리성을 높인다
□ 매출을 높인다
□ 일의 부가가치를 높인다

WHICH: 어떤 타입의 AI?

식별형 AI	예측형 AI	대화형 AI	실행형 AI

×

대행형	확장형

사례 개요

- 자연산 참치의 품질을 AI가 판정

- 판정 전문가가 내린 품질 평가와 AI의 평가가 85% 일치

- 참치 판정 전문가가 되려면 약 4,000마리를 판정해야 함

해결할 수 있는 것

- 숙련된 장인의 업무를 대행할 수 있다.

  수산 가공업자가 참치 검품 업무에 사용했더니 판정 결과의 약 85%가 전문가의 평가와
  일치했다. 장인의 후계자가 부족한 요즘에 감각과 경험을 바탕으로 하는 판정 기술을 후
  세에 남기는 것이 목적이다. (중략) '제몫을 다하는 사람'이 되려면 약 4,000마리를 판정해
  야 하는데, 최저 10년은 걸린다고 한다.

· 출처: 「ITmedia NEWS」 '"자연산 참치"의 품질, AI가 판정. 전문가 평가와 약 85% 일치' 2019년 5월 30일
https://www.itmedia.co.jp/news/articles/1905/30/news124.html

〈도표 6-28〉 덴쓰의 자연산 참치 품질 판정 AI

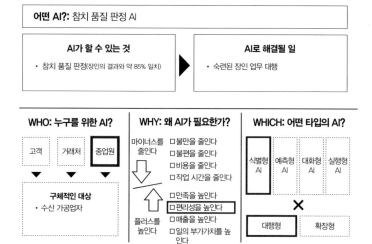

WHAT: 어떤 AI?

어떤 AI?: 참치 품질 판정 AI

AI가 할 수 있는 것	**AI로 해결될 일**
• 참치 품질 판정(장인의 결과와 약 85% 일치)	• 숙련된 장인 업무 대행

WHO: 누구를 위한 AI?

고객　거래처　**종업원**

구체적인 대상
• 수산 가공업자

WHY: 왜 AI가 필요한가?

마이너스를 줄인다
☐ 불만을 줄인다
☐ 불편을 줄인다
☐ 비용을 줄인다
☐ 작업 시간을 줄인다

플러스를 높인다
☐ 만족을 높인다
☑ 편리성을 높인다
☐ 매출을 높인다
☐ 일의 부가가치를 높인다

WHICH: 어떤 타입의 AI?

식별형 AI　예측형 AI　대화형 AI　실행형 AI

✕

대행형　확장형

외식 · 식품 · 농업

Plenty
: AI 실내 농장에서 작물의 맛을 향상시킨다

사례 개요

- 소프트뱅크비전펀드 등이 2억 달러를 투자한 미국의 플렌티는 AI로 실내 농장을 개발하는 농업 스타트업

- 실내 농장에는 제어 가능한 30종류의 재배 조건을 준비

- 700종이나 되는 작물에 대해 기후 등 조건에 맞춰서 최적으로 조정하는 AI를 개발

- AI로 채소와 과일의 품질 조정

- 생산성을 크게 개선해 어떤 작물은 수확량 증가분이 과거 300년간의 수확량 증가분과 맞먹는 결과를 얻음

해결할 수 있는 것

- 농작물의 맛을 개선하고 농작물을 안정적으로 공급할 수 있다.

· 출처: 「닛케이 BP xTECH」 2019년 8월 20일

https://tech.nikkeibp.co.jp/atcl/nxt/column/18/00908/081900004/

〈도표 6-29〉 Plenty의 '맛을 조정하는 실내 농장 AI

WHAT: 어떤 AI?

어떤 AI?: 실내 농장 AI

AI가 할 수 있는 것	AI로 해결될 일
• 채소와 과일의 맛 조정 • 생산량 증가	• 농작물 맛 개선 • 농작물 안정 공급

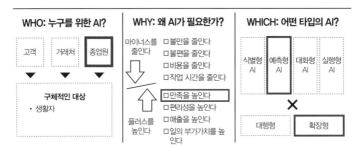

WHO: 누구를 위한 AI?

고객　거래처　**종업원**

▼　　▼　　▼

구체적인 대상
• 생활자

WHY: 왜 AI가 필요한가?

마이너스를 줄인다
□불만을 줄인다
□불편을 줄인다
□비용을 줄인다
□작업 시간을 줄인다

플러스를 높인다
☑만족을 높인다
□편리성을 높인다
□매출을 높인다
□일의 부가가치를 높인다

WHICH: 어떤 타입의 AI?

식별형 AI	**예측형 AI**	대화형 AI	실행형 AI

×

대행형	**확장형**

외식·식품·농업

라인

: 식당 예약에 대응하는 음성 AI 서비스를 선보이다

대화형 × 대행형

사례 개요

• 식당 예약 등을 AI가 대응하는 업소용 서비스를 발표

• 예약 주문하는 사람과 대화하는 것부터 예약 시스템에 기록하는 것까지 모든 예약 대응을 자동으로 처리하는 일본어 대응 음성 AI 서비스

• 음성 인식, 음성 합성, 챗봇을 조합해서 실현

• 식당이나 콜센터의 전화 응대 자동화를 목표

해결할 수 있는 것

• 식당 예약 전화와 콜센터 전화를 자동 AI가 대응함으로써 스태프의 작업 시간과 비용을 절감할 수 있다.

·출처
https://www.itmedia.co.jp/news/articles/1906/27/news136.html

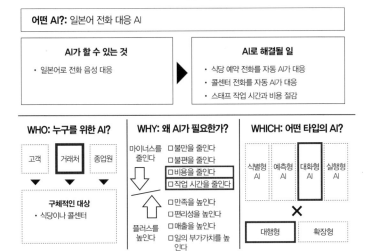

WHAT: 어떤 AI?

어떤 AI?: 일본어 전화 대응 AI

AI가 할 수 있는 것	**AI로 해결될 일**
• 일본어로 전화 음성 대응	• 식당 예약 전화를 자동 AI 대응 • 콜센터 전화를 자동 AI가 대응 • 스태프 작업 시간과 비용 절감

WHO: 누구를 위한 AI?

고객　거래처　종업원

구체적인 대상
• 식당이나 콜센터

WHY: 왜 AI가 필요한가?

마이너스를 줄인다
□ 불만을 줄인다
□ 불편을 줄인다
□ 비용을 줄인다
□ 작업 시간을 줄인다

플러스를 높인다
□ 만족을 높인다
□ 편리성을 높인다
□ 매출을 높인다
□ 일의 부가가치를 높인다

WHICH: 어떤 타입의 AI?

식별형 AI　예측형 AI　대화형 AI　실행형 AI

×

대행형　확장형

외식·식품·농업	**징둥닷컴** : 조리 · 서빙 · 주문 · 계산을 로봇으로 자동화하다	

사례 개요

- 징둥닷컴은 모든 과정을 로봇이 실시하는 '징둥×미래 레스토랑'을 개점

- 주문 · 계산뿐만 아니라 조리와 서빙까지 로봇이 함

- 40가지 중국 요리를 다루며 5대의 조리 로봇으로 조리 실시

- 유명 요리사가 감수한 레시피를 바탕으로 로봇이 조리

- 조리 로봇은 하루에 600그릇 이상을 조리하며, 주문받은 요리는 평균 15~30분이면 완성

- 요리를 테이블에 놓는 서빙 로봇은 자동으로 이동 경로를 계산하고, 하루 500회 이상 테이블에 요리를 나르며 하루에 약 20km를 이동

해결할 수 있는 것

- 사람에게 의지하지 않고 창고 작업을 실행할 수 있으며, 인건비 절감 · 처리 시간 고속화하고 24시간 가동을 실현할 수 있다.

· 출처

https://robotstart.info/2019/01/21/china-robot-restraunt.html

〈도표 6-31〉 징둥닷컴의 조리·서빙·주문·계산 자동화 AI

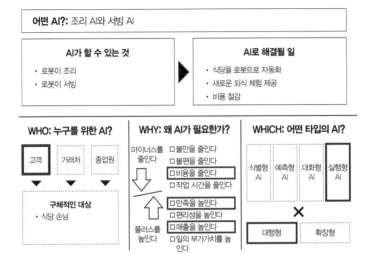

WHAT: 어떤 AI?

어떤 AI?: 조리 AI와 서빙 AI

AI가 할 수 있는 것
- 로봇이 조리
- 로봇이 서빙

AI로 해결될 일
- 식당을 로봇으로 자동화
- 새로운 외식 체험 제공
- 비용 절감

WHO: 누구를 위한 AI?

| 고객 | 거래처 | 종업원 |

구체적인 대상
- 식당 손님

WHY: 왜 AI가 필요한가?

마이너스를 줄인다
- ☐ 불만을 줄인다
- ☐ 불편을 줄인다
- ☑ 비용을 줄인다
- ☐ 작업 시간을 줄인다

플러스를 높인다
- ☑ 만족을 높인다
- ☐ 편리성을 높인다
- ☑ 매출을 높인다
- ☐ 일의 부가가치를 높인다

WHICH: 어떤 타입의 AI?

| 식별형 AI | 예측형 AI | 대화형 AI | 실행형 AI |

✕

| 대행형 | 확장형 |

금융·보험	**세븐은행** : 얼굴 인증 AI를 탑재한 차세대 ATM을 제공하다	

사례 개요

- 세븐은행은 AI를 활용한 차세대 ATM을 제공

- 얼굴 인증을 활용해 ATM 조작만으로 계좌를 개설

- 계좌를 개설할 때 필요한 정보는 스마트폰으로 미리 입력하며, 출력된 QR코드를 ATM으로 읽어들이면 ATM에서 본인 확인 후 계좌를 개설하는 현장 실험 중

- 본인 확인 서류의 얼굴 사진과 ATM 카메라로 읽어 들인 얼굴을 조회하는 현장 실험 중

해결할 수 있는 것

- ATM에서 편리한 이용 체험을 제공할 수 있다.

·출처
https://it.impressbm.co.jp/articles/~/18538

WHAT: 어떤 AI?

어떤 AI?: 얼굴 인증에 대응하는 차세대 ATM

AI가 할 수 있는 것
- 얼굴 인증을 이용한 ATM 조작으로 계좌 개설
- 얼굴 인증을 이용해서 카드 없이 입출금(예정)

▶

AI로 해결될 일
- ATM에서 편리한 이용 체험 제공

WHO: 누구를 위한 AI?

고객	거래처	종업원

▼ ▼ ▼

구체적인 대상
- ATM 이용자

WHY: 왜 AI가 필요한가?

마이너스를 줄인다
⬇
- □ 불만을 줄인다
- □ 불편을 줄인다
- □ 비용을 줄인다
- □ 작업 시간을 줄인다

⬆
플러스를 높인다
- □ 만족을 높인다
- ☑ 편리성을 높인다
- □ 매출을 높인다
- □ 일의 부가가치를 높인다

WHICH: 어떤 타입의 AI?

식별형 AI	예측형 AI	대화형 AI	실행형 AI

✕

대행형	확장형

사례 개요

- 생명보험 판매와 손해보험 가입 안내 업무에 AI를 이용

- 카드 이용 이력 등으로부터 가입할 확률이 높은 고객을 추려냄

- 최적 타이밍에서 영업할 수 있음

- 적은 인원으로 효율적으로 영업할 수 있음

해결할 수 있는 것

- 보험 영업 효율화로 인해 영업 인원을 축소할 수 있다.

· 출처
  https://www.nikkei.com/article/DGXMZO49411430U9A900C1LX0000/

〈도표 6-33〉 보험 영업 효율화를 위한 AI 활용

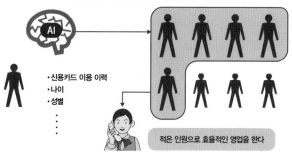

AI로 보험 영업을 효율화한다

AI가 보험에 가입할 것 같은 고객을 추린다

- 신용카드 이용 이력
- 나이
- 성별
- ⋮

적은 인원으로 효율적인 영업을 한다

· 출처: 「니혼게이자이신문」 온라인판 2019년 9월 5일

〈도표 6-34〉 JCB의 보험 영업 지원 AI

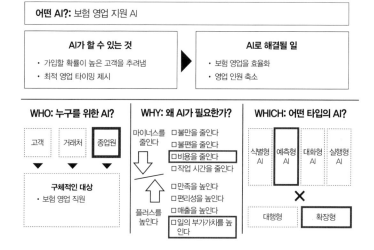

WHAT: 어떤 AI?

어떤 AI?: 보험 영업 지원 AI

AI가 할 수 있는 것
- 가입할 확률이 높은 고객을 추려냄
- 최적 영업 타이밍 제시

AI로 해결될 일
- 보험 영업을 효율화
- 영업 인원 축소

WHO: 누구를 위한 AI?

| 고객 | 거래처 | 종업원 |

구체적인 대상
- 보험 영업 직원

WHY: 왜 AI가 필요한가?

마이너스를 줄인다
- □ 불만을 줄인다
- □ 불편을 줄인다
- ☑ 비용을 줄인다
- □ 작업 시간을 줄인다

플러스를 높인다
- □ 만족을 높인다
- □ 편리성을 높인다
- □ 매출을 높인다
- ☑ 일의 부가가치를 높인다

WHICH: 어떤 타입의 AI?

| 식별형 AI | 예측형 AI | 대화형 AI | 실행형 AI |

×

| 대행형 | 확장형 |

금융·보험	**미즈호은행** : AI를 활용한 개인 맞춤형 서비스 검증을 시작한다	예측형	×	확장형

사례 개요

· 돈과 관련한 개인 맞춤형 조언을 해주는 AI를 검증

· 입력 데이터는 이용자 예금 잔액, 입금 명세, 신용카드 사용 명세, 지출과 수입 분류, 임의의

　설문 조사 정보 등

· 소비자 행동과 금융 상황 패턴을 파악해 개인 맞춤형 조언을 AI가 함

· 가계 건전화, 자산 형성과 생활 향상으로 이어지는 조언을 제공

해결할 수 있는 것

· 개개인에게 맞춤형 조언을 제공하는 것이 가능해졌다.

· 출처

　https://japan.zdnet.com/article/35142585/

〈도표 6-35〉 개인 맞춤형 정보 제공

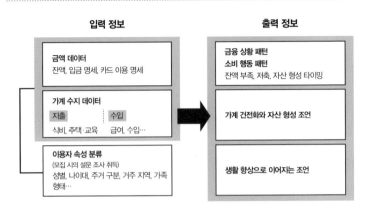

· 출처: 미즈호은행, Blue Lab, 후지쯔의 보도자료를 바탕으로 작성

〈도표 6-36〉 미즈호은행의 개인 맞춤형 뱅킹 서비스 AI

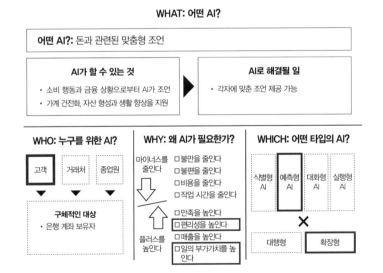

엑사위저드

: 가나가와현과 돌봄 수요를 예측하는 AI를
실증·실험하다

예측형 × 확장형

사례 개요

- 돌봄 수요를 예측하는 AI를 개발

- 가나가와현이 보유하는 돌봄 판정 데이터, 돌봄 지급금 데이터를 이용하여 실증 실험

- 돌봄 관련 데이터를 AI가 학습하면 주민 한 사람당 돌봄이 필요한 정도와 돌봄 비용을 예측

- 현 상태가 유지되면 향후에 어떻게 변할지 예측

- 돌봄이 필요한 정도를 점수로 기록하면 대책이 효과가 있었는지 확인할 수 있음

- 향후에 비용 대비 효율적인 돌봄 정책을 만드는 데 기여하게 됨

해결할 수 있는 것

- 예측에 따른 계획적인 정책을 실행하고, 비용 대비 효과가 좋은 돌봄 정책을 찾아낼 수 있다.

·출처

https://exawizards.com/archives/3282

〈도표 6-37〉 엑사위저드와 가나가와현의 돌봄 수요를 예측하는 AI 실증 실험

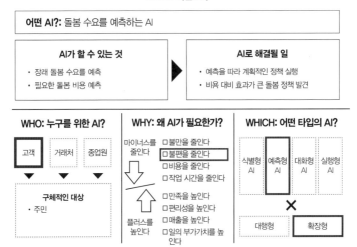

WHAT: 어떤 AI?

어떤 AI?: 돌봄 수요를 예측하는 AI

AI가 할 수 있는 것
- 장래 돌봄 수요를 예측
- 필요한 돌봄 비용 예측

AI로 해결될 일
- 예측을 따라 계획적인 정책 실행
- 비용 대비 효과가 큰 돌봄 정책 발견

WHO: 누구를 위한 AI?

| 고객 | 거래처 | 종업원 |

구체적인 대상
- 주민

WHY: 왜 AI가 필요한가?

마이너스를 줄인다
- □불만을 줄인다
- ☑불편을 줄인다
- □비용을 줄인다
- □작업 시간을 줄인다

- □만족을 높인다
- □편리성을 높인다
- □매출을 높인다
- □일의 부가가치를 높인다

플러스를 높인다

WHICH: 어떤 타입의 AI?

| 식별형 AI | 예측형 AI | 대화형 AI | 실행형 AI |

×

| 대행형 | 확장형 |

Ubie
: 의료 현장 업무 효율화를 위한 AI 문진을 개발하다

사례 개요

- 이전에 환자가 쓴 종이 문진표와 진찰실에서의 전자 진료기록 기재용 문진이 이중으로 발생

- AI 문진은 환자가 입력한 내용을 의료용어로 변환하여 진료기록에 자동으로 입력

- 현역 의사와 엔지니어가 개발

- 약 5만 건의 논문 데이터를 바탕으로 AI가 환자 한 사람 한 사람의 증상과 지역·나이에 맞는

  질문을 자동으로 생성

- 환자는 태블릿에서 나오는 질문에 따라 터치만 하면 되고, 약 3분이면 입력이 완료

- 대형 병원 13개를 포함한 약 100개의 의료기관에 도입 완료

- 의사의 사무 작업이 줄고, 외래 문진 시간이 약 3분의 1로 단축된 사례도 있음

해결할 수 있는 것

- 의사 부족을 해소하고, 환자 치료 시간이 증가했다.

  · 출처

  https://ledge.ai/ubie-ai-medical-interview/

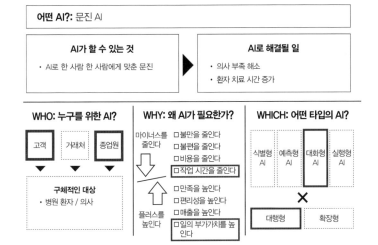

WHAT: 어떤 AI?

어떤 AI?: 문진 AI

AI가 할 수 있는 것	**AI로 해결될 일**
• AI로 한 사람 한 사람에게 맞춘 문진	• 의사 부족 해소 • 환자 치료 시간 증가

WHO: 누구를 위한 AI?

고객　거래처　종업원

구체적인 대상
• 병원 환자 / 의사

WHY: 왜 AI가 필요한가?

마이너스를 줄인다
□ 불만을 줄인다
□ 불편을 줄인다
□ 비용을 줄인다
☑ 작업 시간을 줄인다

플러스를 높인다
□ 만족을 높인다
□ 편리성을 높인다
□ 매출을 높인다
☑ 일의 부가가치를 높인다

WHICH: 어떤 타입의 AI?

식별형 AI	예측형 AI	대화형 AI	실행형 AI

×

대행형	확장형

사례 개요

- AI로 계약서 확인 및 작성을 지원

- 변호사의 경험을 바탕으로 작성한 AI 서비스

- 계약서 초안 작성, 검토, 교섭 메일 작성

- 여러 질문에 '예' '아니오'로 답을 하며, 법적으로 중요한 설문에 답하면 항목이 반영되어 대량의 조문 중에서 조합한 계약서가 완성

- 계약서를 업로드하면 입장에 따라 '유리, 약간 유리, 중간, 약간 불리, 불리'의 5단계로 유불리 판정 검토가 나옴

- 계약서 수정 내용을 가지고 교섭용 메일이 자동으로 만들어짐

해결할 수 있는 것

- 변호사·사법 종사자가 부족한 현상을 해소할 수 있다.

·출처
https://ledge.ai/theai-3rd-gva-tech/

〈도표 6-39〉 AI와 계약 업무의 공통점

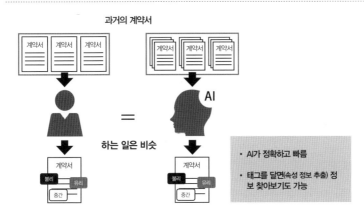

과거의 계약서

하는 일은 비슷

- AI가 정확하고 빠름
- 태그를 달면(속성 정보 추출) 정보 찾아보기도 가능

· 출처: GVA TECH

〈도표 6-40〉 AI-CON의 계약서 확인 및 작성 지원 서비스 AI

WHAT: 어떤 AI?

어떤 AI?: 계약서 검토·작성 지원 AI

AI가 할 수 있는 것	**AI로 해결될 일**
• 계약서 초안 작성 • 계약서 검토 • 교섭 메일 작성	• 변호사·사법 종사자 부족 해소

WHO: 누구를 위한 AI?

고객　거래처　**종업원**

구체적인 대상
• 법무 담당자 및 변호사·사법 종사자

WHY: 왜 AI가 필요한가?

마이너스를 줄인다
□ 불만을 줄인다
□ 불편을 줄인다
☑ 비용을 줄인다
☑ 작업 시간을 줄인다

플러스를 높인다
□ 만족을 높인다
□ 편리성을 높인다
□ 매출을 높인다
□ 일의 부가가치를 높인다

WHICH: 어떤 타입의 AI?

식별형 AI　**예측형 AI**　대화형 AI　실행형 AI

×

대행형　확장형

소프트뱅크
: AI를 활용해 신입 공채 채용업무를 효율화한다

사례 개요

- 신입 공채 채용업무에서 AI를 활용

- 과거의 지원서 전부를 학습시켜 AI 모델을 구축

- AI가 지원서 합격 여부를 판정

- 불합격 판정 지원서는 사람이 확인

- 작업 시간을 기존 방식의 4분의 1로 축소

- 연간으로 환산하면 680시간을 170시간으로 단축

해결할 수 있는 것

- 채용담당자의 작업 시간을 단축할 수 있다.

· 출처
https://special.nikkeibp.co.jp/atcl/NBO/17/ibm_softbank/

〈도표 6-41〉 지원서 합격·불합격의 판정

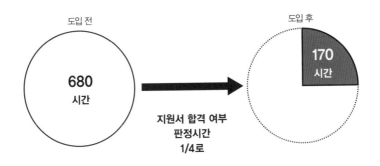

〈도표 6-42〉 소프트뱅크의 지원서 판정 AI

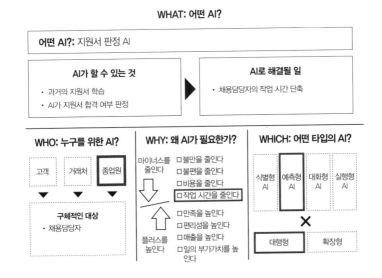

atama plus
: 개개인마다 학습을 최적화하는 전용 서비스를
제공한다

사례 개요

- 아타마플러스는 AI를 사용해서 개인 전용 학습을 제공

- 잘하는 것, 잘 못하는 것, 실력 향상, 헤매는 부분, 집중 정도, 망각 정도에 맞춰 학습 과정을

  최적화

- 풀지 못하는 원인을 AI가 진단 테스트에서 찾아서 해소할 수 있게 공부시키는 구조

- 학습 과정 패턴 개수는 10^{3807} 패턴 이상

해결할 수 있는 것

- 학습 지도력이 향상되며, 학생 개개인에게 맞춘 학습 지도를 할 수 있다.

  어떤 학생은 수학과 수학A를 아타마플러스에서 19시간 45분 학습했더니 100점 만점 중
  에서 43점이었던 시험 점수가 83점까지 올랐습니다. (중략) 겨울 수업에서 수학과 수학A
  를 약 2주간 공부한 결과, 센터 시험에서 평균 1.5배나 점수가 올랐다는 보고가 있습니다
  (수학과 수학A는 일본의 문과 계열 고등학생이 배우는 과정이며, 센터 시험은 한국의 수능 같은 일본
  의 대학 입학 공통 시험—옮긴이).

· 출처: 「에드테크」 'AI의 "아타마 선생님"이 각자의 학습을 최적화' (2019년 9월 27일)
  https://edtechzine.jp/article/detail/2560

WHAT: 어떤 AI?

어떤 AI?: 학습지도 AI

AI가 할 수 있는 것	▶	**AI로 해결될 일**
• 한 사람 한 사람의 학습과정을 최적화		• 학습지도력 향상 • 한 사람 한 사람에 맞춘 지도

WHO: 누구를 위한 AI?

고객	거래처	종업원
▼	▼	▼

구체적인 대상
• 학생·수험생

WHY: 왜 AI가 필요한가?

마이너스를 줄인다
⬇
□ 불만을 줄인다
□ 불편을 줄인다
□ 비용을 줄인다
□ 작업 시간을 줄인다

□ 만족을 높인다
☑ 편리성을 높인다
□ 매출을 높인다
□ 일의 부가가치를 높인다
⬆
플러스를 높인다

WHICH: 어떤 타입의 AI?

식별형 AI	예측형 AI	대화형 AI	실행형 AI

✕

대행형	확장형

이온
: 영어 발음을 AI로 평가한다

대화형 × 대행형

사례 개요

· 이온과 KDDI종합연구소는 AI로 일본인의 영어 발음을 평가하는 시스템을 개발

· 영어 발음을 AI로 해석해서 평가

· 학생 250명이 204개 문장을 발음한 음성 데이터를 교사가 평가해 지도 학습 데이터로 이용

· 종합평가와 억양, 리듬, 발음 정확성의 4가지 항목으로 평가해서 개선할 부분을 알아보기

  쉬움

· 이온의 일부 학생에게 자택 학습용으로 제공하기 시작

해결할 수 있는 것

· 체계적인 발음 지도를 할 수 있다.

· 출처:「CNET Japan」2019년 11월 23일
  https://japan.cnet.com/article/35129120/

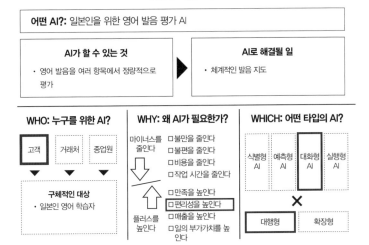

WHAT: 어떤 AI?

어떤 AI?: 일본인을 위한 영어 발음 평가 AI

AI가 할 수 있는 것
· 영어 발음을 여러 항목에서 정량적으로 평가

▶

AI로 해결될 일
· 체계적인 발음 지도

WHO: 누구를 위한 AI?

고객 · 거래처 · 종업원

▼ ▼ ▼

구체적인 대상
· 일본인 영어 학습자

WHY: 왜 AI가 필요한가?

마이너스를 줄인다
⇩
□ 불만을 줄인다
□ 불편을 줄인다
□ 비용을 줄인다
□ 작업 시간을 줄인다

플러스를 높인다
⇧
□ 만족을 높인다
□ 편리성을 높인다
□ 매출을 높인다
□ 일의 부가가치를 높인다

WHICH: 어떤 타입의 AI?

식별형 AI · 예측형 AI · 대화형 AI · 실행형 AI

✕

대행형 · 확장형

콜센터	간덴 CS 포럼 : AI로 콜센터 호출량을 예측한다	

사례 개요

- 간사이 전력의 100% 자회사인 간덴 CS 포럼은 콜센터 문의량을 예측하는 AI를 구축

- 에너지 관련 기업이 제공하는 약 4,000만 건의 데이터를 이용

- 약 5년 반 동안의 호출량 데이터를 학습 데이터로 이용

- 센터 단위로 호출량을 예측하는 AI를 구축

- 특이한 유형의 호출량과 재다이얼을 제외한 통화수를 예측

해결할 수 있는 것

- 콜센터 직원의 교대근무 계획을 최적화할 수 있고, 비용도 최적화할 수 있다.

· 출처

http://www.kcsf.co.jp/contact/ai.html

〈도표 6-45〉 콜센터 호출량의 실측과 예측

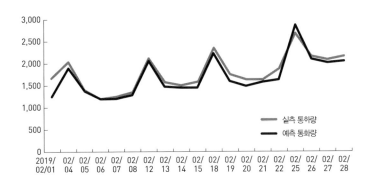

·출처: 간덴 CS 포럼

〈도표 6-46〉 간사이 전력의 콜센터 호출량 예측 AI

WHAT: 어떤 AI?

어떤 AI?: 콜센터 호출량 예측 AI

AI가 할 수 있는 것	**AI로 해결될 일**
· 센터 단위로 호출량 예측	· 콜센터 직원의 교대근무 계획 최적화 · 비용 최적화

WHO: 누구를 위한 AI?

고객	거래처	종업원

▼ ▼ ▼

구체적인 대상
· 콜센터 직원

WHY: 왜 AI가 필요한가?

마이너스를 줄인다
□불만을 줄인다
□불편을 줄인다
☑비용을 줄인다
□작업 시간을 줄인다

플러스를 높인다
□만족을 높인다
□편리성을 높인다
□매출을 높인다
□일의 부가가치를 높인다

WHICH: 어떤 타입의 AI?

식별형 AI	예측형 AI	대화형 AI	실행형 AI

✕

대행형	확장형

콜센터	**트랜스코스모스** : 퇴직 예상자를 예측하여 반년 만에 이직자를 절 반으로 줄이다	

사례 개요

- 트랜스코스모스는 콜센터 직원 중 퇴직 예상자를 AI로 예측

- 상담원 특성, 근태, 퍼포먼스 등을 기준으로 퇴직을 예측

- 예측 정확도 95% 달성

- 퇴직 예비군에 사전 예방책 실시

- 절반에 가까운 상담원의 이직 억제 성공

해결할 수 있는 것

- 사전 예방책을 실시하는 것이 가능해지고, 퇴직률이 개선되었다.

· 출처

https://www.itmedia.co.jp/enterprise/articles/1809/05/news001.html

〈도표 6-47〉 상담원 중 퇴직 예상자를 예측하는 모델과 이직 예방 계획

■ 전국의 콜센터 지점에서 모은 학습용 데이터(오퍼레이터 속성, 근태, 성과 등)로 예측 모델 구축. 높은 점수를 받은
　퇴직 예비군 목록화와 퇴직 이유를 매월 보고, 이를 바탕으로 현장 관리자가 매월 면담 실시

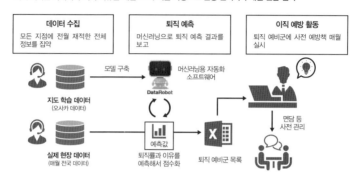

데이터 수집	퇴직 예측	이직 예방 활동
모든 지점에 전월 재적한 전체 정보를 집약	머신러닝으로 퇴직 예측 결과를 보고	퇴직 예비군에 사전 예방책 매월 실시

·출처: 트랜스코스모스

〈도표 6-48〉 트랜스코스모스의 퇴직 예상자 예측

WHAT: 어떤 AI?

어떤 AI?: 콜센터 퇴직 예측 AI

AI가 할 수 있는 것	AI로 해결될 일
· 콜센터 직원 중 퇴직 예상자 예측	· 사전 예방책 실시 가능 · 퇴직률 개선

WHO: 누구를 위한 AI?

고객　거래처　**종업원**

▼　　▼　　▼

구체적인 대상
· 콜센터 직원 및 인사담당자

WHY: 왜 AI가 필요한가?

마이너스를 줄인다
□불만을 줄인다
□**불편을 줄인다**
□비용을 줄인다
□작업 시간을 줄인다

플러스를 높인다
□만족을 높인다
□편리성을 높인다
□매출을 높인다
□일의 부가가치를 높인다

WHICH: 어떤 타입의 AI?

식별형 AI	예측형 AI	대화형 AI	실행형 AI

✕

대행형	확장형

콜센터	**카라쿠리** : 정답률 95%를 보증하는 챗봇 서비스를 제공하다	

사례 개요

- 정답률 95%를 보증하는 AI 챗봇 서비스를 제공

- AI가 학습하는 형태의 서비스

- 전체의 80% 정도가 단순 질문과 단순 답변이 반복되므로 콜센터 현장에서는 약 50%의 상담원이 입사한 달에 그만둠

- 단순 질문에 대한 답변을 AI 챗봇이 대행

- 질문에 대한 정답률이 95%를 넘은 시점에 콜센터에 납품

- 여러 회사에 제공하는 서비스이므로 지도 학습 데이터를 업계별로 공통화할 수 있어 정확도를 쉽게 높일 수 있음

해결할 수 있는 것

- 일정한 패턴의 대응을 대행하며, 직원이 움직일 수 있는 동기부여가 유지되고, 비용을 절감할 수 있다.

· 출처
https://industry-co-creation.com/catapult/32608

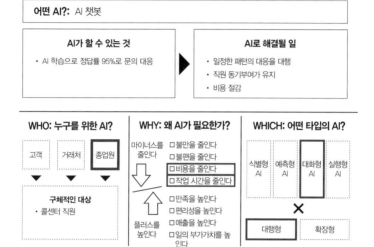

WHAT: 어떤 AI?

어떤 AI?: AI 챗봇

AI가 할 수 있는 것	**AI로 해결될 일**
• AI 학습으로 정답률 95%로 문의 대응	• 일정한 패턴의 대응을 대행 • 직원 동기부여가 유지 • 비용 절감

WHO: 누구를 위한 AI?

고객　거래처　**종업원**

구체적인 대상
• 콜센터 직원

WHY: 왜 AI가 필요한가?

마이너스를 줄인다
□ 불만을 줄인다
□ 불편을 줄인다
□ 비용을 줄인다
□ 작업 시간을 줄인다

플러스를 높인다
□ 만족을 높인다
□ 편리성을 높인다
□ 매출을 높인다
□ 일의 부가가치를 높인다

WHICH: 어떤 타입의 AI?

식별형 AI	예측형 AI	**대화형 AI**	실행형 AI

×

대행형　확장형

콜센터	**소네트** : 음성 인식 AI를 도입하여 상담원 업무를 효율화하다	

사례 개요

- 소니의 자회사 소네트는 콜센터에 AI 음성 인식 시스템을 도입

- AI 음성 인식 시스템으로, 음성을 텍스트 데이터로 기록

- 문의 대응 후의 후처리 시간이 1건당 90초 단축

- 통화를 시각화해서 대응 품질을 향상시키고 균일화함

- 인건비 절감 기대

해결할 수 있는 것

- **상담원의 업무 효율화를 추구할 수 있으며, 비용을 절감할 수 있다.**

  소네트는 전국 8곳에 1,400석의 콜센터를 운영하며, 서비스 이용방법과 문제 해결 등 고객의 문의에 대응하고 있습니다. 콜센터 대응 품질과 성과가 불균일함을 억제하고, 상담원 인재 부족에도 안정적 센터 운영을 위해 AI 음성 인식 시스템을 도입했습니다.

  AI 음성 인식 시스템 도입으로 상담원 업무를 효율화했습니다. 이를 통해 후처리 시간을 90초 단축해서 인건비가 대폭 줄어들 것으로 기대합니다. 통화를 시각화해서 등대 품질의 향상·균일화가 가능해지는 것과 같은 효과도 기대합니다.

· 출처: 「CCplusforbiz」 '콜센터의 AI 활용 사례-도입 효과 및 공급업체 선정 방법에 대해'

https://callcenternavi.jp/ccplus/forbiz/10539/

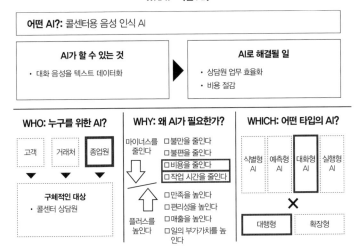

WHAT: 어떤 AI?

어떤 AI?: 콜센터용 음성 인식 AI

AI가 할 수 있는 것	**AI로 해결될 일**
• 대화 음성을 텍스트 데이터화	• 상담원 업무 효율화 • 비용 절감

WHO: 누구를 위한 AI?

고객	거래처	**종업원**

구체적인 대상
• 콜센터 상담원

WHY: 왜 AI가 필요한가?

마이너스를 줄인다
☐ 불만을 줄인다
☐ 불편을 줄인다
☑ 비용을 줄인다
☑ 작업 시간을 줄인다

플러스를 높인다
☐ 만족을 높인다
☐ 편리성을 높인다
☐ 매출을 높인다
☐ 일의 부가가치를 높인다

WHICH: 어떤 타입의 AI?

식별형 AI	예측형 AI	**대화형 AI**	실행형 AI

×

대행형	확장형

사례 개요

- 항공사진 한 장씩을 비교해 가옥의 고정자산세 액수를 결정하던 것에 AI를 도입하기로 결정

- AI에 항공사진을 학습시켜 신축과 증축 가능성이 있는 가옥을 식별

- 이전에 2명이 담당해서 3일이 걸리던 작업을 불과 몇 십분 만에 완료

- 작업 시간 90% 단축

- 조사 대상이 아닌 시설 제외도 자동화

해결할 수 있는 것

- 업무를 담당하던 시청 직원의 작업 시간을 절감할 수 있다.

  · 출처

  https://www3.nhk.or.jp/news/html/20190903/k10012060981000.html

WHAT: 어떤 AI?

어떤 AI?: 항공사진 조회 AI

AI가 할 수 있는 것	▶	**AI로 해결될 일**
• 사진으로 조사 대행		• 시청 직원의 작업 시간 절감

WHO: 누구를 위한 AI?

고객	거래처	종업원

▼ ▼ ▼

구체적인 대상
• 시청 직원

WHY: 왜 AI가 필요한가?

마이너스를 줄인다
□ 불만을 줄인다
□ 불편을 줄인다
□ 비용을 줄인다
☑ 작업 시간을 줄인다

플러스를 높인다
□ 만족을 높인다
□ 편리성을 높인다
□ 매출을 높인다
□ 일의 부가가치를 높인다

WHICH: 어떤 타입의 AI?

식별형 AI	예측형 AI	대화형 AI	실행형 AI

✕

대행형	확장형

ALSOK
: AI로 곤경에 처한 사람을 자동으로 감지한다

사례 개요

- 일본 보안 관련 업체인 알소크는 '곤경에 처한 사람'의 행동을 자동으로 감지하는 AI를 현장에서 실험

- 길을 잃고 주변을 돌아보는 사람, 몸 상태가 좋지 않아 웅크리고 있는 사람 등 곤경에 처한 사람을 AI로 자동 감지

- 몸 상태가 좋지 않은 사람 등을 감지해 경비원의 스마트폰에 통지

- 순찰 요원이 눈으로 확인하던 '순찰'을 AI가 보조해 더 꼼꼼하게 상황을 파악

- 지역 보안 향상 및 각종 사고 방지가 목표

해결할 수 있는 것

- 도움이 필요한 사람을 감지하는 확률이 향상되었다.

· 출처

https://www.alsok.co.jp/company/news/news_details.htm?cat=2&id2=898

〈도표 6-52〉 경비원의 스마트폰으로 정보를 송신하는 ALSOK의 서비스 사례

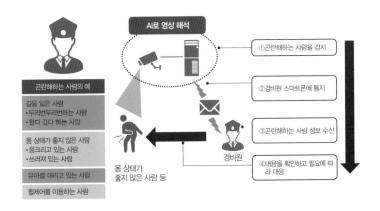

· 출처: 미쓰비시지소, PKSHA Technology, ALSOK

〈도표 6-53〉 곤란해하는 사람을 감지하는 ALSOK의 AI

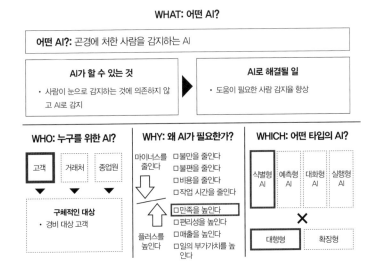

일본기상협회
: 1시간 단위로 강수량을 예측한다

 예측형 × 확장형

사례 개요

- 일기예보 정확도를 딥러닝으로 대폭 개선

- 슈퍼컴퓨터 없이 단시간에 자세한 강수 예측을 실현

- 3시간 단위에서 1시간 단위로 예측 시간 단축 실현

- 사방 20km 범위에서 5km로 예측 대상 범위 상세화

- 향후 일기예보 등으로도 확대해 방재에 도움이 되는 것이 목표

해결할 수 있는 것

- 더 상세해지고 정밀화된 일기예보를 실현할 수 있다.

· 출처
https://www.itmedia.co.jp/news/articles/1908/30/news112.html

〈도표 6-54〉 1시간 단위로 강수량을 예측하는 일본기상협회의 AI

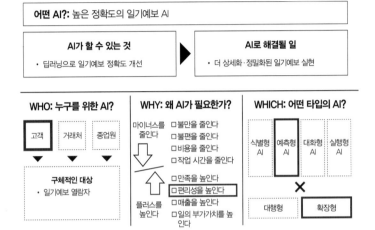

WHAT: 어떤 AI?

어떤 AI?: 높은 정확도의 일기예보 AI

AI가 할 수 있는 것	AI로 해결될 일
• 딥러닝으로 일기예보 정확도 개선	• 더 상세화·정밀화된 일기예보 실현

WHO: 누구를 위한 AI?

고객 거래처 종업원

구체적인 대상
• 일기예보 열람자

WHY: 왜 AI가 필요한가?

마이너스를 줄인다
☐ 불만을 줄인다
☐ 불편을 줄인다
☐ 비용을 줄인다
☐ 작업 시간을 줄인다

☐ 만족을 높인다
☐ 편리성을 높인다
☐ 매출을 높인다
☐ 일의 부가가치를 높인다
플러스를 높인다

WHICH: 어떤 타입의 AI?

식별형 AI	예측형 AI	대화형 AI	실행형 AI

×

대행형 확장형

제7장

문과형 AI 인재가
사회를 변화시킨다

HOW
AI & THE HUMANITIES
WORK TOGETHER

HOW
AI & THE HUMANITIES
WORK TOGETHER

AI로 인해 변화하는
소비자, 회사, 직원

3가지 변화: 소비자, 회사, 직원

이 책에서 AI의 기본, AI를 만드는 방법, AI 용어, AI 사례를 배운 독자 여러분에게 이제 AI는 좀 더 가까운 존재가 되었을 것이다. 알면 알수록 AI의 큰 가능성을 느낄 수 있었을 것이다.

다양한 가능성을 가진 AI는 우리가 속한 사회를 크게 변화시키고 있다. 구체적으로는 소비자, 회사, 직원에게 큰 변화를 일으키고 있다(《도표 7-1》).

AI로 인한 사회 변화를 뒷받침하는 형태로 인터넷과 데이터 환경도 크게 발전하고 있다. 또한 온갖 물건을 인터넷으로 연결하는 사물인터넷도 많이 보급되고 있다. 세상은 '데이터로 모든 것을 연결하는 사회'로 발전해갈 것이다.

그렇다면 '고속으로 데이터가 이어지는 사회'는 무엇을 만들어낼

〈도표 7-1〉 AI가 일으키는 3가지 변화

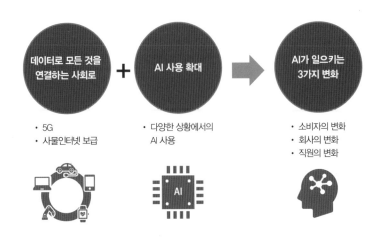

까? 독자 여러분은 이미 눈치챘을 것이다.

바로 AI가 학습하기 위한 데이터가 양산되는 것을 의미한다. 데이터를 학습하며 성장하는 AI에게 바람직한 변화이다. 5G와 사물인터넷이 뒷받침하므로, AI 사용은 확대될 것이다. 그리고 AI 사용이 늘어나면 소비자, 회사, 직원의 변화도 가속화될 것이다.

AI가 일으키는 소비자의 변화

AI가 일으키는 '소비자'의 변화는 어떤 것이 있을까? 예를 들면 다음과 같다.

・ AI가 집 내부를 제어하여 쾌적하게 생활할 수 있게 된다

- AI가 나만을 위해 편성한 뉴스를 매일 아침 읽어 준다
- AI가 나에게 적합한 상품을 인터넷 쇼핑몰 카트에 넣어준다
- 나에게 맞지 않는 것을 사려고 하면 AI가 막아준다
- AI 자동운전이 발전하여 아이가 자동차에 혼자서도 탈 수 있다
- 사람이 대화하는 상대의 절반가량이 AI가 된다

지금은 생각할 수 없는 것도 포함해서, 가까운 미래에 실현되어도 이상할 것이 없다.

예전과는 크게 달라진 예를 가까운 곳에서도 찾을 수 있다. 아마존의 AI인 알렉사(Alexa)가 목소리를 인식해서 다양한 요구에 응해주고, 내가 좋아하는 음악을 자동으로 추천해준다. 얼굴을 인식하고 꾸미면서 즐기는 스마트폰 앱도 있다. 학교 행사 사진 중에서 내가 찍힌 것만 골라준다. 이렇게 현대 일상 속에 녹아 들어온 것도 AI가 뒤에서 작업하고 있어 가능해진 것이다.

이처럼 AI는 생활, 정보취득, 쇼핑 방법, 이동과 대인 커뮤니케이션의 본연의 모습 등 소비자 생활의 온갖 상황에서, 앞으로는 더욱더 큰 변화를 일으킬 것이다.

AI가 일으키는 회사의 변화

AI가 일으키는 소비자의 변화가 어떤 것인지를 살펴봤다. 이제 AI가 일으키는 회사의 변화를 살펴보자. 과거에 회사에서 개인용 컴퓨터

와 인터넷을 도입하기 시작한 시절과 스마트폰과 태블릿을 사용하기 시작한 시절이 있었다. 이제는 컴퓨터와 인터넷, 스마트폰을 회사에서 사용하지 않던 시절을 상상할 수 없는 세대가 많아졌다. 하지만 업무는 전부 손으로 써서 처리해서 우편과 팩스로 전달하고, 외근하면서 공중전화로 소통하던 때가 불과 30년 전의 일이다.

처음에는 약간 저항감이 있을지 모르지만, 한 번 익숙해지고 나면 없어서는 안 될 존재가 되는 것이 새로운 기술이 가진 특징이다. 지금의 AI도 마찬가지이다.

AI가 일으키는 회사의 변화로는 무엇이 있을까? 우선 다음과 같은 것을 생각할 수 있다.

- 회사에서 대부분의 업무 과정에 AI를 활용하여 생산성을 높인다
- 중요한 의사결정 사항은 반드시 AI 예측 데이터를 확인하고 나서 판단한다
- 회사의 예산 배분은 AI가 처리한다
- 인사 평가의 공정성을 유지하기 위해 AI 채점을 중심으로 사용한다
- 사내의 1차 전화 응답은 모두 AI가 담당한다
- AI를 탑재하지 않은 상품은 거의 판매하지 않게 된다
- 회사의 건전성과 장래성은 AI 활용도를 중심으로 평가 받는다

앞의 예시에서 나와 있듯이, 이렇게 AI가 일으키는 회사의 변화도 다양하게 일어날 것이다.

AI가 일으키는 직원의 변화

회사가 변하면 직원도 저절로 변해야 한다. AI 사회에서 일자리를 잃지 않으려면, 직원에게 일어나는 변화를 가장 주목해야 한다. 직원의 변화는 크게 2가지로, 화이트칼라에 미치는 변화와 블루칼라에 미치는 변화가 있다.

지능 노동으로 여겨지는 화이트칼라에 미치는 변화로는 다음과 같은 것이 있다.

- 메일 대응은 AI의 자동 회신으로 대부분 처리할 수 있다
- 영업 전화는 AI 음성 전화가 대신해준다
- AI가 업무의 할당과 우선순위 매기기를 처리해준다
- 작성한 서류 확인은 상사가 아니라 AI에게 맡긴다
- 회의 의제 작성과 회의록, 일정 관리까지 AI가 처리한다
- 수치 관리와 결과 예측은 AI가 대행한다
- 화이트칼라 업무의 대부분이 AI를 관리하는 업무가 된다

이와 같은 변화가 화이트칼라에게 일어날 가능성이 있다. 또한 블루칼라에게 미치는 변화로는 다음과 같은 것을 들 수 있다.

- AI의 지시에 따라 작업하는 것이 대부분이 된다
- AI와의 공동작업이 많아진다

- AI 탑재 장치를 일꾼이 장착하여 업무 효율이 올라간다

- AI 탑재 로봇을 유지·관리하는 업무가 늘어난다

- AI와 로봇으로 인해 업무가 격감한다

앞의 예시와 같은 일들을 생각할 수 있다.

이렇게 AI는 소비자, 회사, 직원에게 커다란 변화를 일으킬 것이다. 예상하는 변화는 먼 미래의 일도 아니고 본인과 관계없는 일도 아니다. 각자의 생활과 일하는 방식에 즉각적으로 영향을 미칠 것이다.

업종 활용 스타일에 따른 AI 활용 사례에서도 본 것처럼, 이미 많은 기업과 단체에서 AI가 변화를 일으키고 있다. 7장에서는 AI를 활용해서 사회에 변화를 일으키는 기업·업계에 초점을 맞춰 소개하겠다. 소비자, 회사, 직원의 변화를 구체적인 사례와 함께 살펴보자.

AI 사회를 견인하는
선도 기업 아마존

AI 활용의 선도 기업

AI를 활용하여 변화를 일으키는 선도 기업의 대표로 아마존을 들수 있다. 아마존은 소비자, 회사, 직원에 대해 다음과 같은 변화를 일으키고 있다.

아마존에서 AI를 이용하여 일으킨 소비자 변화

- AI를 이용한 계산대 없는 가게 아마존 고

- 음성 인식 AI인 알렉사를 이용하는 음성 조작 보급화

- 아마존닷컴의 개인에게 맞춘 쇼핑

아마존에서 AI를 이용하여 일으킨 회사 변화

- 수요 예측 AI를 이용한 매입 최적화

- AI를 이용한 가변적 가격 책정

아마존에서 AI를 이용하여 일으킨 직원 변화

- 물류 창고의 AI화

- 드론으로 배송

아마존은 회사 내에서 AI를 사용할 뿐만 아니라, AI 기술을 다른 기업에서도 널리 사용할 수 있도록 법인용 서비스도 제공하고 있다. 앞에서도 소개했지만 AI를 만들어서 시스템과 연계하기 위한 플랫폼을 제공하거나, 아마존에서 이용하는 개인 맞춤이나 수요 예측 AI를 그대로 이용할 수 있는 서비스도 제공하고 있다.

계산대를 없앤 가게 아마존 고

아마존은 편의점과 비슷한 형태를 계산대 없는 가게로 출점하고 있다. 아마존 고의 스마트폰 앱을 내려 받아 아마존 계정으로 로그인한 다음, 스마트폰에 생성한 QR코드를 입장 게이트에서 판독하면 들어갈 수 있다.

아마존 고의 점포에는 많은 카메라와 감지기가 설치되어 있다. 카메라와 감지가의 데이터를 AI가 식별하여 소비자가 어떤 상품을 몇 개 사려고 하는지 인식한다. 계산대는 없으며, 손에 든 상품을 가지고 가게를 나서면 쇼핑이 끝난다. 결제는 가게를 나선 후 자동으

·출처: 아마존

로 이루어지며, 스마트폰으로 영수증 데이터를 보내는 시스템이다.

여기에서 사용하는 것이 식별형 AI다. 여러 사람이 섞여 있는 가게 안이라도 어떤 사람이 선반에서 어떤 상품을 가져갔는지, 선반에 되돌려 놨는지를 정확하게 판단할 수 있다. 예를 들어 두 사람이 손이 서로 겹쳐지게 해서 각자 다른 상품을 집더라도 AI는 정확하게 판단할 수 있다고 한다.

물류 창고의 AI화

아마존에서 일하는 직원들에게도 변화가 일어났다. 특히 아마존의 물류 창고에서 일하는 방식이 크게 변하고 있다. 아마존은 이제까지 사람이 하던 창고 안에서의 상품 이동 작업을 AI를 탑재한 로봇에게 맡기기 시작했다(《도표 7-2》). 일본에서도 이바라키현의 물류 창고 등에서 이미 이러한 방식을 채택하여 직원들의 일하는 방식에 변화가 일어나고 있다.

상품의 출고와 입고 같은 작업은 아직 사람이 처리하지만, 넓은 창고 안에서의 상품 이동은 로봇이 담당한다. 사람과 AI 탑재 로봇의 협업이 일상적으로 이루어지고 있는 것이다. 이러한 협업을 통해 사람 직원은 기본적으로 정해진 위치에서 작업하여 부담이 줄었다. 또한 AI 탑재 로봇을 관리하고 정비하는 일이 사람 직원에게 새롭게 주어진 업무라고 할 수 있다.

AI로 산업계에
혁신을 밀어키는 소프트뱅크

각 업계 선도 기업 리더와 손잡은 소프트뱅크

AI 변화를 만들려는 일본의 대표기업 소프트뱅크를 소개하겠다. 손 마사요시 씨가 중심에 있는 소프트뱅크 그룹은 AI를 활용하여 사회에 많은 변화를 일으키려 하고 있다. 교통, 물류, 의료, 부동산, 금융, 최첨단 기술, 소비자를 위한 서비스, 법인을 위한 서비스와 같은 여러 업계에서 AI 선도 기업에 출자하는 식으로 손잡고 본격적인 AI 사회에 대비하고 있다. 다양한 인터넷 기업을 육성해온 손 마사요시 씨는 앞으로는 AI 기업을 겨냥한다고 공언했다. 또한 소프트뱅크 그룹은 투자 대상을 대부분 AI 기업으로 정했다. 업계마다 AI를 선도하는 기업들과 손잡고 그 기업들 사이의 횡적 연결 또한 강화하고 있다.

중고차 업계를 견인하는 과쯔

소프트뱅크 그룹이 투자하고 있는 기업 중에는 AI를 도입하여 중고차 업계를 견인하는 기업인 과쯔(Guazi)를 소개하겠다. 이 회사는 AI로 중고차 업계를 크게 변화시켜 소비자, 회사, 직원에 사이에 혁신을 일으키고 있다(《도표 7-3》).

과쯔에서 AI로 일으킨 소비자 변화

- 매장 내부 카메라로 방문객을 식별하여 맞춤형 접객 서비스 제공
- 소비자의 과거 거래 상황 등을 바탕으로 가변적 가격 정책

과쯔에서 AI로 일으킨 회사 변화

- AI 중고차 업계 선두 기업으로 지위 확립
- AI 도입으로 종업원 1인당 중고차 판매 대수가 5배로 증가

〈도표 7-3〉 과쯔의 3가지 변화

소비자 변화	회사 변화	직원 변화
개인화한 접객과 가변적 가격으로 체험 향상	중고차 판매 대수 5배 증가 (월 판매 대수/인)	직원 생산성이 4배 증가 (월 심사 대수/인)

과쯔에서 AI로 일으킨 직원 변화

• 중고차 심사 주 업무를 AI 탑재 로봇이 실시

• 종업원은 AI 탑재 안경인 스마트글래스를 쓰고 작업

• 심사와 관련한 종업원 1인당 중고차 심사 생산성이 4배로 증가

　예전에는 중고차를 심사할 때 사람이 외관 도장 상태를 꼼꼼하게 확인하거나, 엔진 안을 구석구석 검사하거나, 차 아래를 세세하게 봐야 했다. 하지만 과쯔에서는 심사 과정마다 특화된 AI 탑재 로봇을 사용해 직원 변화를 크게 일으켰다. 그 결과 회사의 생산성과 업계 지위까지 달라졌다.

일본의 은행에서
AI를 통해 일어나고 있는 변화

미국의 대형 증권사 골드만삭스에서 2000년에 600명이던 주식 트레이더가 2017년에는 불과 2명만 남았다. 골드만삭스 관련 뉴스는 AI가 금융회사에 일으킨 변화가 얼마나 큰지 잘 보여준다. 일본의 금융기관에서도 AI가 많은 변화를 일으키고 있다.

은행에서 AI로 일으킨 소비자 변화

- 치바 흥업은행은 문의 창구를 AI 챗봇화

- 미쓰비시UFJ파이낸셜그룹은 주택구매자금 대출 심사 일부를 AI가 대행

- 신세이은행은 소비자 금융 대출 한도를 AI가 자동으로 산정

은행에서 AI로 일으킨 회사 변화

- 시코쿠은행은 은행 내부 디지털 문서 검색을 AI로 실시

- 미쓰비시UFJ파이낸셜그룹은 지점에서 걸려온 전화 응대 일부를 AI가 담당
- 미즈호은행은 중소기업 대상으로 AI 대출 판단 서비스를 실시

은행에서 AI로 일으킨 직원 변화

- 미즈호은행은 OCR을 이용하여 은행원 작업을 대행
- 미쓰비시UFJ파이낸셜그룹은 개인 소비자용 투자 펀드 운용을 AI가 담당
- 미쓰비시UFJ파이낸셜그룹은 AI가 환율 변동을 예측

아직 현장 테스트 중인 것도 있지만, 이렇게 일본의 여러 은행에서도 AI가 변화를 일으키고 있다. 사람이 하던 창구 응대를 AI가 담당하게 하는 변화가 제일 두드러지지만, 문서 검색과 지점과의 전화 연락 같은 내부 업무도 AI로 바뀌고 있다. 또한 투자 경향 판단이나 환율 예측과 같이 은행 안에서도 전문가들이 하던 고난이도의 업무도 AI가 담당하는 것으로 변하고 있다.

미쓰비시UFJ파이낸셜그룹의 AI 부서는 응답, 장부 처리, 검색, 영업 지원, 심사 업무에서 적극적으로 AI를 활용할 것이라 공표했다. 이처럼 AI가 일으키는 변화는 은행을 비롯한 금융기관에서도 멈출 기색이 없다.

문과형 AI 인재가
사회를 선도한다

지금까지 소개한 사회 변화는 AI 기술이 있다고 해서 반드시 일어나는 것은 아니다. 새로운 기술을 사용하는 사람들이 아이디어와 실행력으로 착실하게 추진해야 가능한 것이다. 그야말로 필자와 같은 문과형 AI 인재가 AI를 사용하여 사회 변화를 이끌어가는 것이다.

며칠 전에 어느 대기업 간부와 만났을 때, 이런 이야기가 나왔다.

"우리 회사에는 데이터 사이언티스트가 150명이나 있어서 이제 더는 채용하지 않을 거야."

일본에서 데이터 사이언티스트가 150명이나 있는 기업은 흔하지 않다. 언뜻 들으면 인력이 충분하다는 뜻으로 들릴 것이다. 하지만 해당 기업인과의 대화에서 논점은 150명이나 되는 데이터 사이언티스트를 이끌 수 있는 '문과형 AI 인재가 적다'라는 것이다.

회사와 사회에는 다양한 역할을 맡아줄 다양한 사람들이 있어야 만, 사회와 기업을 잘 운영할 수 있다. AI를 활용할 때도 마찬가지라고 할 수 있다.

새로운 기술 분야에서는 핵심 기술을 연마하는 업무와 기술의 내용에만 치우쳐 있는 경우가 많고, 그런 치우침이 교육 환경에 그대로 반영되기도 한다. 최근 일본에 'AI를 만드는' 전문가만 늘어나는 경향이 있었던 것은 어쩔 수 없는 일인지도 모르겠다.

그렇지만 앞으로 다가오는 본격적인 AI 사회에서는 'AI를 만드는' 전문가뿐만 아니라, AI를 잘 이해하고 필요한 곳에서 'AI를 사용하는' 인재도 중요한 역할을 맡을 것이다. 특히 사회 경험이 풍부하고 어려운 상황을 극복해온 강인함을 갖춘 문과형 인재가 AI에 익숙해지면, 그 추진력은 무궁무진할 것이다.

이 책을 읽어준 여러분은 이제 '문과형 AI 인재'의 기본 소양을 익혔다. AI를 사용하는 위치에 서서 앞으로 다가오는 AI 사회를 이끌어주면 좋겠다. 또 그렇게 되길 바란다.

'이제부터 비즈니스 인생 전부를 AI에 바치자.'

학교에서 이러한 내용을 배우긴 했다. 하지만 이렇게 결심하고 나서 현대의 AI 기술과 사용법을 거의 아무것도 없는 상태에서 다시 습득하고, AI 활용의 최전선에 서기까지 과정은 제법 힘들었다. 그래도 무척 즐거운 일이었다.

아직 발전 중인 영역이라서 도전하는 보람이 있었고, 'AI가 이런 것까지 할 수 있구나!'라는 새로운 발견을 매일 느끼게 해주는 멋진 주제를 만날 수 있었던 것에 무척 감사하게 생각한다.

이런 즐거움과 기쁨을 더 많은 사람이 느끼면 좋겠다. 나아가 AI에 휘둘리지 않고, AI를 잘 사용하는 인재를 더욱더 늘리고 싶다. 이런 생각으로 이 책을 썼다.

이 책을 쓸 수 있었던 것은 저돌적으로 돌진하는 필자를 따뜻하게 지켜봐 준 여러분들 덕분이다. 학생 시절부터 신세를 졌던 전 직장의 가이 사장님과 나가이 회장님, 모든 임직원 여러분, 주식회사 ZOZO의 사와다 사장님과 임직원 여러분, 주식회사 ZOZO 테크놀로지즈의 구보판 씨와 가네야마 씨, 임직원 여러분, 사례 수집에 도움을 주신 후쿠오카 아케히코 씨, 쟌모 씨, 부서원들, 그리고 도요게이자이 신문사의 여러분, 이버지, 요시코 씨, 아내와 가족에게 정말 감사드린다.

모든 사람이 AI 일자리 시대에서 '문과형 AI 인재'가 되어, 다음 세대로 이어지는 사회를 더 좋게 만들었으면 한다!